AF449750

Me Dolió la vida, ahora me río

Prólogo de LAIN, autor del best seller LA VOZ DE TU ALMA

Me Dolió la vida, ahora me rio

Un camino paso a paso con herramientas para una vida mejor.

ADRIANA SILVA QUINTERO

Título: *Me dolió la vida, ahora me río*
© 2020, Adriana Silva Quintero

Autoedición y Diseño: 2020, Adriana Silva Quintero

Primera edición: mayo de 2020
ISBN-13: 978-84-18213-87-8
Depósito legal: TF 364-2020

ÍNDICE

PRÓLOGO DE LAIN

Tú no viniste a sobrevivir, ¡viniste a sobresalir!

Eres una pieza única de coleccionista en el universo, algo que nunca ha existido y nunca se repetirá.

Eres tan, tan, tan especial que no te puedes permitir el lujo de no brillar.

Jesús de Nazaret decía que si te conoces a ti mismo, serás conocido, y reinarás sobre el universo. Esto quiere decir que tienes que darte cuenta de qué eres, quién eres, y qué has venido a hacer aquí, a este mundo.

Nada ocurre por casualidad en nuestras vidas, sino por CAUSAlidad, por sincronicidad, por principio de causa y efecto. Las cosas llegan por propósito.

Por eso, si estás leyendo este libro, significa que contiene la información que necesitas para llevar tu vida al siguiente nivel.

¡Aprovéchalo!

Gracias Adriana por escribirlo y a ti, amado lector, por leerlo.

LAIN, autor de la Saga de LA VOZ DE TU ALMA.

www.lavozdetualma.com

AGRADECIMIENTOS

En primer lugar y sobre todas las cosas, agradezco a **JEHOVÁ,** mi Dios, por darme todo lo que necesito en esta vida para ser, tener y poder lograr todo lo que deseo.

Agradecer a mi amadísimo esposo, **JAIME ENRIQUE DE LA PAVA PATIÑO,** la persona más maravillosa que Dios pudo poner en mi vida para ser mi gran compañero, quien siempre está a mi lado impulsándome, cuidándome y entregando todo desde su gran amor. GRACIAS, sin ti nada de esto se lograría, pues desde siempre me has impulsado para escribir y ser mejor cada día, eres y serás siempre el amor de mi vida y mi mejor Amigo, un ejemplo de lucha, superación, responsabilidad y entrega. TE AMO.

A mis padres, **JOSÉ DEL CARMEN SILVA QUINTERO Y MELIDA QUINTERO ATUESTA,** por querer traerme a esta vida y hacer todo lo posible para que fuera la mejor experiencia, entregando siempre un gran amor, por todos sus esfuerzos para que tuviese lo mejor mientras estuve junto a ellos y por hacer todo su mejor esfuerzo para formarme con buenos principios que hoy yo inculco en mis hijas.

Agradezco a mis hijas, **JULIANA Y MARÍA JOSÉ,** porque me han otorgado el título más hermoso que se puede tener, el de ser mamá, y por ser uno de los impulsos para ser cada día mejor, por todo el amor que me entregan y ser mis mejores amigas y grandes maestras.

También entre mis hijos me permito incluir a **ISABELLA DE LA PAVA RAMÍREZ**, por ser parte de nuestra vida y a la cual quiero como tal, y a mi yerno **HEBER FERNÁNDEZ**, por que ahora es también mi niño.

Agradezco también a mis hermanos, **JHON JAIRO Y JOSÉ LUIS,** por la compañía, juegos y el amor que me entregaron desde mi infancia, y con ellos a toda mi familia, mis sobrinas(os), cuñadas y cuñados, que es y será la mejor familia del mundo.

Gracias a mis amigos por estar en mi vida y ser parte de ella.

INTRODUCCIÓN

ME AMO Y ME ENTREGO A LA LOCURA DE VIVIR LIBRE Y FELIZ DESDE HOY. ¿Y TÚ?

Si quieres continuar sufriendo en tu vida, siendo mártir sin sentido y ahogado en una vida de dolor físico y mental, no leas este libro.

Este libro está escrito y va dirigido a ti, sí, a ti que deseas salir del agujero doloroso del sufrimiento, la enfermedad y las pruebas.

Que realmente deseas ser próspero y vital, que quieres aprender el léxico infinito del progreso y la autorrealización personal de una manera práctica y clara y de alguien que lo logró y que hoy puede decir con toda certeza: "Basta ya. **ME DOLIÓ LA VIDA... AHORA ME RÍO**".

Como sobreviviente de algunos sucesos difíciles de digerir en la vida de cualquier ser humano y con diagnósticos que asustan y te hacen sentir impotente y solo, tengo la certeza de que este libro te ayudará porque en él plasmo todo aquello que en su momento yo hubiese querido leer y saber, tener la certeza de que esto no me pasaba solo a mí.

Mi objetivo es servirte de LUZ en caminos que para la razón humana son difíciles y hasta imposibles de superar, pero hoy te digo a ti que lees estas páginas que, con la fuerza interior y la investigación profunda de nuestro ser, además siendo creyente en Dios, yo lo he logrado y, **SI TÚ CREES,** lo harás.

Este libro será de acción total, ya que realizaremos ejercicios que te ayudarán a recorrer ese camino que te llevará a un mejor vivir.

Pensemos cuáles son nuestros mayores miedos como seres humanos, ¿serán acaso perder, abandonar o ser abandonados, no ser aceptados, no ser amados, nunca llegar a ser triunfadores, los cracs que todos esperan?... Pero te aseguro que lo que ignoras es que todos estos **MIEDOS** los puedes vencer.

¿Qué es el miedo en tu vida? El miedo muchas veces ni siquiera tiene bases propias, es el reflejo de todos aquellos conceptos que te transmitieron desde el inicio de tu vida y que, aun sin ser vividos por ti, tienen la capacidad de paralizarte e impedirte realizar muchas cosas, para lo bueno y para lo malo.

Tienes otros miedos que pueden llegar a ser más reales y son por tus propias vivencias, aquellas que te hicieron daño en su momento y que no quieres repetir, pero ante estas debes actuar más que con miedo con la sabiduría de identificar el peligro y la adversidad y ser eficaz en tu respuesta.

Cada circunstancia vivida te llevará a ser fuerte y capaz, el verdadero héroe de la historia de tu vida.

Como dice la Biblia en Proverbios 14:16:
"El sabio es cauteloso y se aparta del mal".

De pequeños vivimos en el mundo magnífico de la protección, donde aún los miedos no existen, somos libres, nos emocionamos con la vida en general y nos lanzamos a vivir nuestra vida como si no hubiese un mañana; el despertar es una nueva ilusión y el irse a dormir no lo queremos porque tenemos en nosotros el deseo de vivir algo más intenso y genial. Tal vez te surjan estas preguntas: "Pero, ¿qué me pasó entonces?", "¿Por qué esta gran ilusión y fuerza de vivir se van difuminando a medida que avanza mi vida?", "¿Por qué los despertares se hacen pesados y el dormir lo llego a ver como esa válvula de escape que me libera de este día?".

En este libro lo que buscaremos es detectar todo aquello que te ha llevado a esto que realmente no quieres, pero lo más importante es eliminar estas limitaciones y volver a ser de nuevo ese niño del ayer lleno de ilusión por la vida.

Empieza la educación, "la formación y la preparación para la vida", eso creemos, mas realmente lo que empieza es una poda de tus alas, te enseñaban qué podías y, sobre todo, qué no podías hacer, que tenías límites, que eso era peligroso para tu vida, sin explicarte claramente los porqués. Te voy a contar un ejemplo claro que te ayudará a ver por qué debes volver a tus raíces y ser de nuevo como un niño.

Este ejemplo trata del niño que se salva y logra salvar a su vez a su hermanito. Están los dos solos en casa cuando se inicia un incendio y el niño mayor, que solo tiene cinco años de edad, sube al segundo piso y toma a su hermanito en brazos y por la ventana sale con él, se baja por un árbol que tiene contiguo a su ventana y así salva su vida y la de su hermanito. Cuando los bomberos llegan, le preguntan: "¿Cómo se le ocurrió hacer esto?"; y él respondió con gran naturalidad, y presta muchísima atención a su respuesta porque allí está una de las más grandes claves del éxito en toda lucha. El niño respondió: **"NADIE ME DIJO QUE NO SE PODÍA"**.

¿Cuántas veces te han dicho que **NO SE PUEDE**? ¿Cuánto te has dejado podar las alas y te han impedido volar? Pero, lo que es peor, te han condenado a una vida de dolor cuando te han dicho en las diferentes áreas de la vida, salud, dinero y amor: "Tienes una **ENFERMEDAD INCURABLE**, te tienes que **CONVENCER** de que esto es crónico, esta situación financiera que vives será así **PARA TODA TU VIDA**". Hasta tú mismo te has autoconvencido de que el **AMOR NO ES PARA TI. ¡¡NOOOO!!,** nada de eso es verdad.

Tú estás maravillosamente hecho y eres suficiente para superar todas estas adversidades, ¿o crees que los seres humanos que están a tu alrededor son diferentes a ti o tienen un cerebro y un organismo diferente? ¿Verdad que sería absurdo pensar esto? Quien nos creó sabía muy bien lo que hacía. Podrás ser creyente o no, pero lo que sí has de entender es que las cosas no se dan por simple casualidad, y por eso te pido que te des la oportunidad y leas este libro hasta su final, estoy muy segura de que lo terminarás recomendando a quienes más quieras porque te ha servido a ti y les servirá a los tuyos.

Ahora te invito a que hagamos un viaje a una vida con sentido, en la que debes, es tu obligación contigo mismo, curar tus heridas, venciendo tus demonios del pasado y haciendo las paces con la persona más importante de tu universo, que eres tú mismo. Esta es una obra constante, consciente y algunas veces hasta inconsciente.

> "SEAS QUIEN SEAS, HAGAS LO QUE HAGAS, CUANDO DESEAS CON FIRMEZA ALGUNA COSA ES PORQUE ESTE DESEO NACIÓ EN EL ALMA DEL UNIVERSO. ES TU MISIÓN EN LA TIERRA".
>
> *El Alquimista, Paulo Coehlo*

Si tu pasión por ser feliz y libre del sufrimiento está aquí y ahora contigo, es tu misión hoy empezar a luchar con uñas y dientes por ella. Para esto entremos pues en esta historia de vida, que es mi deseo que ayude a la tuya.

1.

JUGANDO A VIVIR

Primeros años

"En cero expectativas es la mejor manera de iniciar un camino, que lastima que con el tiempo lo olvidé".

Adriana Silva Quintero

Esta es tu etapa de juegos y risas, en la que realmente no esperas nada, todo lo que te ocurre es un despertar novedoso e irrepetible. Lo que no sabías es que aquellos que debían cuidarte, protegerte y enseñarte, están aprendiendo también a hacerlo, y muchas veces lo hicieron genial y otras no tanto, sin saber que estaban marcando con sus actos a esta nueva persona.

Es importante que sepas que hasta los seis años de vida los niños son una esponja que absorbe toda la información que hay en su entorno, por lo que las palabras, ejemplos visuales y todo lo que entró a tu cerebro tiene un gran peso, pues estaba escribiendo en tu mente y corazón todo aquello que en tu mañana sería tu verdad.

Mi etapa de niña fue linda hasta cierto punto, en ella viví situaciones que me dejaron bastante confusa, como muy seguramente te haya pasado a ti, caricias que no entendía en zonas que no esperaba y de quienes no correspondía, besos extraños que confundían, ya que no se parecían a los de mamá.

Pero sobre todo fueron esas palabras dichas las que más marcaron mis posteriores años, esas que te muestran una realidad tuya distorsionada y extraña, ya que te califican de una manera que no compartes, pero terminas creyéndote. Entre ellas están: "En verdad no sirves para nada, qué perezosa eres", "Deja de soñar tanto, eso no sirve para nada", "Tú crees que papá es un cajero automático", "Eso es demasiado para ti", "Mira la feíta, si parece una ranita", "Vamos a ver si servirá para algo, lo dudo"; y algunas otras que, dependiendo de quién venían, se grabaron a fuego.

Y de una y otra manera también sufrimos de algunos maltratos físicos que, según sea tu edad, se parecerán o no a los que recuerdo. En mi caso, la correa o cinturón fue el mejor amigo de mis padres. Con este amigo odiado por mí y aliado de mis amorosos padres (porque lo eran, solo que sus métodos de enseñanza para mí no fueron los mejores) corrigieron berrinches, inapetencias, las malas contestaciones, las riñas con mis hermanos y amigos, etc.

Mas estoy segura de que tú tienes frases y vivencias propias y te animo a que las busques en tu interior y las sumes a esta lista. Ve, toma papel y lápiz y escríbelas para tenerlas claras y que las podamos trabajar, te será de suma ayuda para poder limpiarte y que no fastidien más tu presente, tu vida actual; ya veremos más adelante cómo hacerlo.

Pese a todo lo que hemos descrito antes definitivamente esta etapa se nos hace tan cortita porque lo que allí vivimos suele tener matices más agradables que desagradables. Por ejemplo, recuerdo con amor las buenas reuniones familiares donde había camaradería y muchas, sobre todo muchas risas, también los años buenos de la primaria donde hice mis primeras amistades, que me ayudaron entre otras muchas cosas a sobrellevar la pérdida de mi primera mascota (se llamaba Kuky). ¿Y la tuya? ¿Recuerdas su nombre, su color? Fue hermoso, ¿verdad?

Por otra parte, qué decir de las caricias, cuidados y amor entregado por aquellos a quienes realmente les importamos, la sensación cálida de recibir y dar amor.

Claro, estoy contigo en que no todo era color de rosa, pero en este momento y solo por unos minutos te pido que nos enfoquemos en lo que nos hizo vivir y no morir, te prometo que tocaremos eso que quieres trabajar y limpiar. Dime, ¿estás recordando esos años dorados de tu infancia? Venga, seguro que también los tienes.

Nuestro cerebro, que está maravillosamente hecho, almacena en su memoria a largo plazo todos estos sucesos, te invito a que los rememores y rías en este preciso momento. Que no te importe el dolor que ahora estés viviendo, desconecta de él por unos minutos, date ese permiso y empieza a conectar con ese niño interior que solo tú conoces y que te ha permitido vivir tantas y tantas cosas hermosas.

Retomemos los juegos compartidos en nuestra infancia con nuestros amigos, los viajes realizados donde solo nos teníamos que preocupar por disfrutar y saber "¿cuándo llegamos?, ¿nos falta mucho?", los regalos recibidos y hasta cosas tan triviales como el olor de los libros y cuadernos que nos compraban para el inicio del colegio, y qué decir de ese primer día de clase en el que teníamos tantas cosas que contar, escuchar y enseñar.

Con esto busco que te des cuenta de que, a pesar de lo vivido en esos años, aunque tu mente te diga muchas veces que viviste una mala niñez, seguro que has tenido momentos memorables que se han de valorar, por poco que hayas tenido.

Tal vez a tu casa llegó esa caja de cartón que se convirtió en la mejor tele, los amigos con los que improvisaste juegos, la soledad de pasar ratos mirando bichitos como hormigas y otros insectos que hicieron volar tu imaginación, continúa pensando en esos días porque es muy importante para saber **en qué debemos centrarnos en nuestra vida,** ¿lo has captado?

En qué recuerdos te encuentras más cómodo, cuáles te hacen feliz y hacen subir tu ánimo, los negativos y tristes o esos que te hicieron reír. Piensa que aquellos que te han hecho feliz están en verdadera armonía con lo que hoy deseas para ti, quédate con ellos y guardarlos en tu mente y corazón, ya que son un tesoro valioso.

¿Cómo crees que cuidarías un cofre lleno de valiosos tesoros? ¿Verdad que lo tendrías en el sitio más seguro y cercano a ti, donde pudieras estar viéndolo y observando constantemente?

Esto es la niñez, ese cofrecito valioso que guarda tu esencia, lo que realmente eres en tu vida, esa mente creadora y un alma feliz que aún está allí.

Recordar esta etapa te ayuda a reencontrarte y saber lo que realmente eres y quieres para ti. ¿Eras el explorador incansable o tal vez ese artista loco que creaba canciones, músicas y poesías?, ¿qué eras?, ¿qué te gustaba?, ¿en qué se basaban tus juegos?, ¿con qué soñabas? Hazte consciente aquí y ahora de todos esos sucesos y desempolva tu verdadera esencia para que en este caminar juntos podamos ubicarnos en lo que realmente te satisface en esta vida y reencontremos aquellos dones que te regalaron y que realmente te hacen feliz. Todo esto lo usaremos en la siguiente etapa de tu vida.

Lo que realizaremos ahora en reflexión y limpieza te pido que lo realices en un lugar tranquilo y en un momento que no tengas interrupciones, saca un rato para ti y, sobre todo, **hazlo,** porque será un antes y un después en tu vida.

Es un ejercicio necesario para este proceso de mejoramiento personal, no te quites esta oportunidad y hazlo.

"EL NIÑO QUE NO JUEGA NO ES NIÑO, PERO EL HOMBRE QUE NO JUEGA PERDIÓ PARA SIEMPRE AL NIÑO QUE VIVÍA EN ÉL Y QUE LE HARÁ MUCHA FALTA".

Pablo Neruda

RESUMEN, REFLEXIÓN Y EJERCICIOS

Teniendo en cuenta lo que hemos visto en esta etapa, tratando con ello de trabajar esos recuerdos y hacerlos gratos y edificantes en nuestra vida, cuando rememoramos lo que menos nos gustó de la niñez te dije que luego lo limpiaríamos, pues esta será la manera.

Vamos a tomar papel y lápiz, te sugiero que sea una libreta que para ti sea agradable a tu vista y tacto, además de acompañarla de un bolígrafo cómodo y que te agrade. Hazte este regalo valioso que te ayudará muchísimo. Será desde ahora nuestra libreta de limpieza y escribiremos todos esos momentos citados, yo empezaré con los que he descrito y te pido que hagas lo mismo con los que tengas en tu mente.

1.º Las personas que más debieron cuidarte y protegerte no lo hicieron de la mejor manera EN ALGUNOS MOMENTOS, pero debes recordar que nadie es perfecto y que, por lo tanto, no debemos exigir perfección a los demás. Ellos también estaban en una etapa de aprendizaje y lo hicieron lo mejor posible, seguro (créetelo) que pusieron todo de su parte para hacer lo mejor para ti, y aquellos que te hicieron daño estoy más que segura que no tuvieron la oportunidad que estás teniendo tú para sanarse, así que sus malas prácticas los llevaron y los seguirán llevando por un camino de soledad y destrucción.

A estas personas las hemos de perdonar y liberarlas en nuestra mente y corazón. Todos tenemos el pago por cada uno de nuestros actos, pero, sobre todo, quiero que tengas claro que cuando perdonas lo haces por ti, el rencor y el odio solo traen enfermedad y daño interno para quien no puede perdonar.

Ten por favor en cuenta estas palabras que citó Jesús en sus enseñanzas:

"Perdonen cualquier cosa que tengan contra alguien para que su Padre que está en los cielos también les perdone a ustedes sus ofensas".

Mateo 11:25, la Biblia

Podrás ser creyente o no en Dios y en su palabra, la Biblia, pero si reflexionas sobre esta cita te darás cuenta de que a todos nos han de perdonar algo. Y puede que ahora te digas: "Yo jamás he hecho algo como lo que a mí me hicieron"; pero te digo que la persona que recibe dolor es la que llega a dimensionar lo que tú le has hecho, así que te invito a perdonar para ser perdonado.

Ahora te pido que te sientes en un lugar solo y tranquilo, en tu libreta de limpieza escribe en cada página el nombre de cada persona a la que debas perdonar y te pido que pongas todo tu corazón en ello. Escribe en primera persona ("ahora estoy en tal lugar...") como si lo estuvieses viviendo en este preciso momento. Escribe lo que piensas y sientes respecto a lo que esta persona hizo.

Ahora lee esto escrito tres veces y luego ve a tu mejor amigo desde hoy, lo encontrarás frente a tu espejo (sí, eres tú mismo, serás desde este momento quien más te ayudará, pues eres después de Dios quien más te conoce), así que ve y cuéntaselo. Mira tu cara y enfrenta ese sentimiento, permítete llorar y sentir, saca y limpia.

Volvamos a tu libreta y cambiemos esto que has vivido de la manera que tú hubieses querido que pasara y fuese, esa manera que te deje tranquilo y en paz. Oblígate a cambiar esa escena por una mejor, más constructiva y agradable para ti, créala de nuevo y hazla tu realidad. Piensa que estamos trabajando en tu mente ese mal recuerdo y lo estamos sustituyendo por uno más agradable para ti y constructivo, además te pido que en cada palabra que escribas muestres bondad, esa que te hubiese encantado sentir en ese momento, y que muestres amor, todo el que te hubiese gustado recibir, y **perdona.**

Ya que lo tienes escrito volvamos a hacer el mismo procedimiento anterior, lee lo escrito tres veces, siente la calma y tranquilidad que te transmite, llora, ríe y permítete sentir todo lo que quiera fluir de ti. Ve ahora con tu mejor amigo, tu espejo, y cuéntale todo. Observa su cara y nota cómo cambian las expresiones de ella por serenidad, paz, y siente esa calma interior. **Desde hoy esa será tu verdad**.

Para finalizar, perdona, oblígate porque tu mente te dará mil razones para no hacerlo, mas tú le enseñarás que tú estás por encima de todo lo que ella (mente) quiera decirte. Perdona y recibe el bálsamo agradable del perdón en tu vida.

2.º Palabras duras y calificativos que no merecía. Recordemos que este tipo de palabras las decían desde sus creencias y no desde nuestra realidad. ¿Cómo le vas a pedir a un niño las mismas habilidades que poseen los adultos? Tus manitas no estaban aún listas para abarcar dimensiones o la agilidad necesaria para ciertas labores que seguro que con el tiempo adquiriste, además, los niños hacen casi todo desde el deseo de disfrutar de ello y divertirse en el proceso (**por esto debemos ser de nuevo como niños**).

Estas son cosas que en su momento los adultos que se encontraban a tu alrededor seguro que no dimensionaron, ellos solo buscaban lo mejor para ti, enseñarte y darte las herramientas para tu vida. Recuerda esa frase tan conocida que dice: "**ÁRBOL QUE NACE TORCIDO**… (muy bien terminado, gracias)… **JAMÁS SU TRONCO ENDEREZA**". Esta es la razón por la cual muchos de quienes quisieron lo mejor para nosotros nos empezaron a formar rápidamente desde la más tierna edad, para que nuestro tronco estuviese lo más recto posible, y erróneamente pensaron que con esa motivación de hacerte sentir inútil, incapaz y torpe te iban a impulsar para que hicieras todo lo contrario.

Permíteme contarte que estas palabras nada tenían que ver contigo. Tal vez te digas: "Pero si yo realmente no hacía las cosas como me las pedían o era realmente perezoso o inútil". ¿Sabes? La verdad te hará libre, como dice Dios, Jehová, el YO SOY. Y la verdad es que solo te estabas creyendo eso y actuando en conformidad con lo que te decían. Si tenías un familiar cercano digno de elogios y odiosamente perfecto, piensa en el trato que esta persona recibía, seguro que los halagos y buenas presentaciones eran su día a día, por lo que él o ella también actuaban en conformidad con lo que escuchaban.

Si aún esas palabras continúan dando vueltas en tu cabeza y te hacen la persona más perezosa del planeta, el desorden habita en ti y no terminas las cosas que empiezas en tu vida, te cuento que eso se puede solucionar, y recuerda que te lo digo desde la experiencia y por ello te puedo entender claramente. Por ahora solo te pediré que cambies tu diálogo interno y cambies los "no puedo" por "soy muy capaz"; "quiero dormir un rato más" por "no, lo que realmente necesito es actividad".

El movimiento genera movimiento, sé constante en tus repeticiones, si se quiere, hazlo un día entero, sobre todo con aquellas donde más recurras, que sean mensajes que grabes en ti a fuego. Así que con cada diálogo interno que te quiera parar en todas tus pequeñas y grandes metas, hazlo, si lo haces serás un ser de acción capaz de lograr todo lo que te propongas y más; de lo contrario, te espera una vida mediocre y sin mayor sentido. Vamos, es una cuestión de acción y reacción.

3.º Palabras que te descalificaban físicamente.
Ahora que estoy escribiendo para ti y llegó este punto, me río y me digo: "Ellos no tienen la culpa de que yo no sea la persona más agraciada del mundo". Pero estoy segura de algo y es que jamás lo hicieron pensando que mi autoestima se fuera a ver afectada, eran términos cariñosos que pegaban con mi personalidad de ese momento, pero que nada tienen que ver con la persona que soy hoy en día.

De algo estoy convencida y es que las ofensas más significativas que en alguna riña de hermanos, amigos u otros dijimos, jamás lo hicimos pensando: "Le marcará para toda su vida esto que le estoy diciendo"; solo pensábamos en fastidiarlos en ese momento.

Todas las personas somos muy diferentes a la hora de reaccionar ante este tipo de estímulos negativos, unos se lo toman como un reto y empiezan a trabajar en cada punto en el que no se sienten a gusto, mas otros se abandonan y entran en el victimismo de creer todo lo dicho, así que engordamos y nos da igual la salud.

Recuerda siempre que todos los excesos son malos, sé que es realmente difícil ser equilibrado, pero NO es imposible.

Te invito a que cada mañana al despertar te mires al espejo más grande e iluminado que tengas y, si no lo tienes, por favor, consíguelo, es por tu beneficio, recuerda que ahora estás trabajando en ti y para ti. Entonces mira cada una de tus virtudes y alábate porque estás maravillosamente hecho, eres una obra magnífica, busca cada parte de ti y lánzate un piropo. ¿Cuántas veces lo has hecho con otros? Seguro que te saldrá más de uno, y no permitas los malos pensamientos, solo hay cabida para cosas buenas.

Una vez te hayas subido al techo y estés superencantado con lo que ves frente a ti, hazte consciente de lo que empezarás a trabajar. Si te sobran algunos kilos, si necesitas caminar para generar movimiento que te traerá más energía…, busca y trabaja en mejorar esas zonas que te haga falta moldear. Realiza este ejercicio diariamente, que sea tu desayuno de bienestar diario. Notarás los cambios rápidamente y, lo que es más, te darás cuenta de que los reflejarás en tu entorno y escucharás más a menudo palabras como **"qué bien te veo"**, **"tienes un brillo especial"**, etc.

Asimismo, recuerda que el objetivo principal no es cómo te vean los demás, sin quitar que está muy bien escuchar esto, lo más importante aquí es que tú te veas y te sientas genial. No quiero ser pesada, pero te hago énfasis en que, si tus palabras para ti mismo no te salen de la mejor manera, no podrás avanzar en tu crecimiento y realización, así que cambia tus juicios hacia ti **YA**. Esto es de tanta importancia que verás que más adelante lo trabajaremos aún más profundamente.

4.º Castigaron mi cuerpo y no mis actos. Fue la manera en que a ellos les enseñaron y solo copiaban patrones aprendidos, y así me doy cuenta de que lo hicieron porque deseaban lo mejor para mí, querían formar un buen ser humano. Regocijarme en esos actos trayéndolos a la mente una y otra vez no me sirve de nada, por lo que te invito a incluir estos actos en la lista del perdón.

Hecho ya este ejercicio te pido que lo leas y releas hasta que tu mente se convenza de que nadie atentó contra ti, que desafortunadamente lo vivido en esta etapa lo has pasado por falta de verdadero conocimiento.

Por esta razón es que te decía al inicio que quien más nos conoce y nos hizo con sus cualidades, como son el Amor, la Justicia y la Compasión, entre otras tantas, es nuestro creador, y Él siempre quiere ayudarnos, pero nosotros hemos decidido acallar su voz y modificar nuestro Pepito Grillo o conciencia culpando a otros de nuestras decisiones y errores. Por esto ahora me gustaría resaltar una de las innumerables enseñanzas que Él nos ha dado.

Teniendo en cuenta que el nombre de Dios es Jehová, que tiene un significado como es el "**YO SOY**", te diré algunas palabras que muestran las verdaderas intenciones que mueven a los padres terrestres a actuar en pro nuestro y que, si tú eres hoy padre o madre, estarás muy de acuerdo con ellas:

"LA DISCIPLINA DE JEHOVÁ, OH, HIJO MÍO, NO RECHACES; Y NO ABORREZCAS SU CENSURA, PORQUE JEHOVÁ CENSURA AL QUE AMA, AUN COMO LO HACE UN PADRE A UN HIJO EN QUIEN SE COMPLACE".

Proverbios 3:11-12, la Biblia

A medida que vayamos avanzando en cada etapa utilizaremos nuevas formas de limpiar nuestra mente de creencias que no nos benefician para nada e iremos construyendo una nueva persona con una imagen propia, que es la que más importa, fuerte y segura de sí misma. Tiraremos por tierra el victimismo, la autocensura, la autocompasión y algunas prácticas más que no permiten que seamos libres y capaces.

Piensa que esto es un trabajo constante y más fácil de hacer de lo que tú crees ahora, y a medida que vayas avanzando en la lectura de tu libro notarás cambios que te asombrarán, pero eso sí, te pido que leas a consciencia y practiques cada ejercicio poniendo todo de ti. **¿QUIERES RESULTADOS? HAS DE TRABAJAR A CONCIENCIA.**

RECUERDA:

"LOS RESULTADOS QUE CONSIGUES ESTARÁN EN PROPORCIÓN DIRECTA AL ESFUERZO QUE APLICAS".

Denis Waitley

"EN CADA NIÑO SE DEBERÍA PONER UN CARTEL QUE DIJERA: TRATAR CON CUIDADO, CONTIENE SUEÑOS".

Mirko Badiale

"LO QUE UNO AMA EN LA INFANCIA SE QUEDA EN EL CORAZÓN PARA SIEMPRE".

Jean-Jacques Rousseau

"CIERTAS IMÁGENES DE LA INFANCIA SE QUEDAN GRABADAS EN EL ÁLBUM DE LA MENTE COMO FOTOGRAFÍAS, COMO ESCENARIOS A LOS QUE, NO IMPORTA EL TIEMPO QUE PASE, UNO SIEMPRE VUELVE Y RECUERDA".

Carlos Ruiz Zafón

"LA INFANCIA ES UNA ETAPA MARAVILLOSA. NO HAY PASADO, NO HAY FUTURO; SÓLO UN PRESENTE QUE SE MIRA CON INOCENCIA E ILUSIÓN".

Carla Montero

2.

LA EDAD DEL PAVO

Adolescencia y juventud

"El comportamiento en la adolescencia vendrá marcado de la salud mental que traigas desde la niñez. Nadie da de lo que no tiene, tanto en lo positivo como en lo negativo".

Adriana Silva Quintero

Las vivencias en esta segunda etapa de nuestra vida difieren mucho de la anterior. Se espera de nosotros que despleguemos nuestras alas e iniciemos nuestro propio camino, pero… sin dejar aún la mayordomía de los padres. Por esta razón se nos hace tan difícil, igualmente para quienes están a nuestro alrededor.

¿Por qué se nos hace tan complicada? En esta etapa estamos en un estado de sándwich, ya que somos diferentes de los niños y también de los adultos, no somos plenamente capaces de comprender conceptos complejos ni de entender la relación entre una conducta y sus consecuencias o de nuestro control en según qué toma de decisiones, como en el campo de la salud o el sexual.

En esta etapa no aceptamos que se nos trate como a niños porque sentimos que lo sabemos ya todo de la vida, pero lo antes citado nos permite darnos cuenta de que no es así.

Y es así como toda la información obtenida en los primeros años empieza a ganar una fuerza incalculable, aparecen las más grandes inseguridades por la falta de experiencia, los problemas de personalidad, los miedos, los "no puedo" y los autocuestionamientos de "quién soy en realidad" y "qué quiero", además de esa sensación de soledad e incomprensión. Y, por si fuera poco, se despierta en nosotros y en nuestro entorno más cercano, que vienen a ser nuestros amigos, la necesidad inminente de amar, de encontrar esa persona especial con la que darles vida a todas esas historias de príncipes y princesas que de niños aprendimos.

Ubiquémonos en el tiempo entre las edades de los quince y dieciséis años, cuando ya nuestros años escolares están en su etapa final, se inicia la toma de decisiones sobre una carrera que escoger y se conjugan nuestros gustos con los de nuestros familiares. También encontramos las típicas barreras económicas y la indecisión de quien no conoce más mundo que el escaso que ha podido recorrer en sus cortos años de vida.

Este periodo de nuestra vida ha sido estudiado a lo largo de los años. Un ejemplo es el de Johann Wolfgan von Goethe, quien en 1774 publicó *El joven Werther*. En su libro trata la adolescencia como una época en la que se exaltan las pasiones, los sentimientos y los sufrimientos. Además, el joven protagonista está inmerso en un mar de dudas y contradicciones (Tomado de lifeder.com).

Ya ubicados en la parte teórica de lo que es ser adolescente, vamos a evocar las vivencias.

En este periodo mi vida no fue la más agradable, pero hoy sé que no fui la única que lo ha vivido así y, además, me queda la certeza de que gracias a todo lo vivido y superado hoy tengo las llaves necesarias para poderte abrir puertas de conocimiento que nos conducen a una mejor existencia. Hoy puedo hablar con la seguridad de que todo lo podemos superar y que la vida solo te prepara para sacar siempre lo mejor de ti.

Llena de inseguridades y con una baja autoestima, me enfrenté al llamado MIEDO, ese que seguramente te ha acompañado por muchos años, esa fuerza limitante que buscará impedir que hagas, vivas y seas todo lo que debes y quieres realmente ser. Hoy te puedo decir con verdadera convicción que estos miedos son más aliados que enemigos, que cuando se presenten los puedes llegar a utilizar como motivadores que te impulsen a realizar todo lo que realmente desees.

Cuando estás en esta etapa de tu vida todo se te hace una montaña y cuando buscas ayuda ves que realmente es escasa. Muchos no te escuchan porque lo tuyo no tiene una trascendencia tan grande, por lo menos no para ellos, solo te ven como un muchachito que quiere continuar llamando la atención, mientras que para ti tus líos son mayúsculos y tus obstáculos son montañas.

¿Cuántas veces te repetiste en tu cabeza que no podrías superar tus circunstancias?, ¿cuántas veces tuviste esas ideas suicidas de querer terminar con tu angustia? (Gracias por no haberlo hecho, ya que hoy te puedes dar cuenta, como yo, de que esa no era la solución para lo que en su momento era nuestro problema). Y no es que no pudieras solucionar estos obstáculos, es que te enseñaron a creer que tú no eras capaz.

¿Recuerdas la historia del niño que te conté al inicio? Ese niño aún no estaba contaminado y logró salvar su vida y la de su hermanito porque creía en él. En este capítulo lo que buscaremos es precisamente eso, que vuelvas a creer en ti, ya hemos ido limpiando de nuestra mente todos esos conceptos erróneos que estaban grabados a fuego, esas creencias ajenas que te marcaron y que ya no existen.

> "SI QUIERES UNA MANO QUE TE AYUDE LA ENCONTRARÁS –CON SEGURIDAD– AL FINAL DE TU PROPIO BRAZO".
>
> *Napoleón Bonaparte*

Lo que nos muestra esta cita es que realmente estamos dotados de todo lo que necesitamos para nuestra supervivencia, a veces nos distraemos con el ruido que nos rodea y lo olvidamos, pero somos totalmente **Suficientes** en todo. Como te lo remarqué anteriormente, somos hechos a la imagen y según la semejanza del único Dios Todopoderoso, que no necesita de nada ni de nadie para realizar sus buenas obras, y él nos ha hecho así también autosuficientes, y cuando esa fuerza nos falla él está presto a otorgarnos su ayuda proveyéndonos de una fuerza que está más allá de nuestro entendimiento si nosotros lo pedimos y lo creemos.

Ignorando todo esto que hoy sabemos y sin la experiencia otorgada por los años, no es de extrañar que las vivencias no sean las mejores, invadidos por sentimientos de falta de amor que muchas veces son creados por nuestro propio distanciamiento de los demás.

También enfrentamos situaciones dignas de olvidar, se presentan los primeros retos que algunos superan y otros no, el fumar, el beber, probar las drogas que a algunos enganchan, pero otros sobreviven a ello con el gran peligro de la adicción, todo ello se convierte en una práctica "normal" de los jóvenes, quien no entre en este bucle es un niñato superprotegido, como fue mi caso.

Crecí en casa de fumadores, por lo que me alejé lo más que pude de los cigarrillos, práctica que odiaba, esto me salvó de no estar hoy luchando por salir de esta adicción.

No puedo decir lo mismo del alcohol, que me ayudaba a sacar la fuerza y agresividad que necesitaba para que el mundo no me comiera. Las fiestas empezaron, ¡y con ellas la valentía del que más bebía! Qué tontería, ¿verdad? ¡¡Hoy sabemos que este supuesto aliado es de los que más daña nuestro cuerpo!! Te pido que si es este tu caso y hoy en día aún necesitas este apoyo externo (el alcohol), busques la ayuda idónea para expulsarlo de ti, ya que terminará contigo y con las historias que quieras formar con otras personas.

Yo superé con los años esta adicción gracias a una gran fuerza de voluntad y el verdadero deseo de mejorar en mi vida, la mejor decisión que has de tomar en este momento es alejarte de todo aquello que te lleve a estar cerca del licor o las drogas.

Jesús en el evangelio de Mateo 5:30 dice: "**Si tu mano derecha te está haciendo tropezar, córtala y échala lejos. Es preferible que pierdas uno de tus miembros a que todo tu cuerpo vaya a parar a la destrucción**".

Y aunque este cortar no sea literal, lo que sí te pido que hagas de manera literal es que ya, en este momento, te alejes de todo aquello que esté en tu vida y que la está destruyendo. Es aquí y ahora que estás leyendo esto que debes tomar la decisión de terminar con aquello que sea nocivo para ti. No hay ninguna justificación para que, sabiendo y teniendo la certeza de que las malas prácticas en este momento te están llevando al caos personal, las continúes realizando.

Sé y te entiendo, de veras que te entiendo, que no es fácil. Si volvemos al texto citado sabemos el dolor inmenso que nos ocasiona cortar uno de nuestros miembros del cuerpo, mas es inminente la acción.

Estás leyendo este libro porque quieres mejorar tu vida, tus relaciones personales, financieras y de todo tipo, quieres en resumidas cuentas ser la persona que admiras, y es ahora cuando debes actuar. No te creas que es casualidad que hoy estés leyéndome, NO, la vida te quiere ofrecer una nueva oportunidad.

Toma ya las riendas de tu vida, no esperes que nadie haga nada por ti, ya que la responsabilidad es solo tuya. Aprende a tomar el 100 % de responsabilidad de todos tus actos, aquí no hay víctimas, todos hacemos lo que hacemos por nuestra propia decisión. Mira a tu alrededor, nadie te obliga, ¿verdad?

Lo que tú vivas hoy, aunque sea resultado del ayer, cuando eres ciego al conocimiento, hoy ya no es justificable que lo continúes haciendo. Piensa que esto no cambiará si tú no lo deseas, es solo tu decisión. Muchos querrán que cortes con todo aquello que paraliza tu vida, pero si la decisión no sale de ti, no servirá de nada.

Te debe haber dolido tanto que no quieras estar más así, y si no lo logras por tus propias fuerzas hay profesionales preparados para echarte una mano y, además, tienes a tu creador de tu parte, él siempre estará presto a escucharte y a fortalecerte para que **actúes** a favor de tu bienestar. Hazlo ahora mismo, por favor, ponlo ya en acción; renace y vive.

"O SOMOS LAS VÍCTIMAS DE NUESTRA REALIDAD O SOMOS LOS CREADORES".

Lain García Calvo

Otro de los rasgos que más marcó esta etapa de mi vida es el sentimental. Creyéndome la más fea del planeta sin serlo, entregué mi corazón a la primera persona que se decidió a pedirme salir.

Hoy, dando una mirada hacia atrás, no era el único, había una buena fila esperando poder entrar en casa de mi padre y solicitar ser mi compañero de vida, pero bueno, así lo creí en su momento y me llevó, como dice Ricardo Arjona, cantautor Guatemalteco, por "el miedo de quedarme sola y sin pareja" a escoger a quien escogí. Todos en mi alrededor veían la tragedia (siendo extremista), pero en mí la reflexión era "qué egoístas, ¿por qué no me dejan vivir?". ¿Te suenan estas palabras?, ¿las llegaste también a pensar?

En mi caso, tenía tantos deseos de sentirme acompañada y, además, la necesidad de encajar en el grupo, que me lancé a sentir con la inmadurez de quien no piensa en un mañana y sin medir ninguna consecuencia.

Agradezco hoy la buena información que tenía en el campo sexual, que me libró de un embarazo no deseado, una enfermedad de transmisión o cualquier otro tropiezo, que fue lo que vi en otras personas de mi alrededor, niños criando otros niños, mas también debo reconocer que hay historias que te ayudan a decir, como dijo Pablo Neruda, "confieso que he vivido", pero a qué precio.

Si uno de estos fue tu caso no te lo reproches más, era tu inexperiencia obrando por ti. ¿Para qué reprocharnos hoy actos hechos en el ayer? ¿Acaso puedes borrarlos trayéndolos al ahora? El ejercicio del perdón hecho en el anterior capítulo aplícalo a cada error que cometieres en este, ve a tu libreta de limpieza e inclúyete entre las personas a las que debes perdonar. Seguramente la lista de cosas que perdonar se hará aún más larga, ya que muchas veces somos más benevolentes con los de nuestro alrededor que con nosotros mismos. Ten en cuenta que este es de los perdones más importantes de tu vida, libérate de tus propios juicios, deja de juzgar, pero, sobre todo, de juzgarte negativamente a ti mismo.

Ahora llegamos a los años en los que unos continuarán su vida universitaria y otros salen a trabajar, así que nos situamos entre los dieciocho y los veintiún años. Ya la calma entra un poco a nuestra vida, gozamos de un poco más de libertad, o eso parece, que, en resumidas cuentas, es lo que hasta el día de hoy seguimos persiguiendo.

El trabajo dignifica y hace a las personas autosuficientes. No importa cuál fuera tu trabajo y lo mucho que te gustara o no, fue uno de los primeros pilares que te llevaron a ser más fuerte. ¿Por qué te digo esto? Porque algo que al ser humano le hace grande es sentir que puede, que es capaz, que su vida está en sus manos, que puede dar y que lo que recibe a cambio se lo ha ganado con toda su capacidad, que otros han pagado por tener sus talentos a favor de su empresa.

¿Verdad que esto nadie te lo dijo en tus primeros años laborales? Seguramente te creías que te hacían un gran favor dándote este empleo, piensa que nadie paga a otro si no le servimos y hacemos crecer, y todo eso fuiste tú para tus empleadores, y así continúa siendo, eres esa persona valiosa que da lo mejor de sí.

Haz todo en esta vida con la tranquilidad de que has entregado lo que tenías en ti. Esto hay que aplicarlo en cada faceta de nuestra vida, cuando somos generosos al entregar sin esperar más que lo que hemos acordado, por una parte, nuestra conciencia estará en paz con nosotros, y en el ámbito laboral nuestra imagen como trabajadores brillará.

Y si lo que haces es para ti mismo, si eres un emprendedor, ¿te imaginas la satisfacción de saberte suficiente y capaz de llevar las riendas de tu prosperidad y, además, saberte capaz de hacer crecer tu vida y la de las personas que están junto a ti?

Ahora puedo decirte que existieron también retos que se hicieron algo complicados, ya que la mentalidad con la que entré en mi vida laboral era que yo no estaba dotada para hacer de la mejor manera las cosas, y esto me llevó a sentirme insegura, mas a medida que iba avanzando en este camino los resultados hacían que me sintiera más segura y lograban que creciera y escalara.

Este es el proceso normal, por tanto, cuando te inicies en un nuevo camino date tiempo, porque lo que se dice popularmente es cierto, nadie nace aprendido y cada reto requiere un proceso para aprenderlo, asumirlo y controlarlo.

No tires nunca la toalla a la primera de cambio, ¿por qué crees que toda empresa da entre quince días y un mes de periodo de prueba para saber si vales o no para realizarte bien en el puesto para el que te han contratado? Porque es el tiempo en el que tú estarás cómodo, lo que es muy importante, y habrás tomado la información que necesitas.

Por otra parte, está tu vida como universitario, y si no fue la universidad tal vez sería la institución educativa que estaba en tus medios optar o la escogida por tus padres, pero aquí la gran importancia radica en que sea lo que hubieses escogido, y ojalá lo hicieras movido por tus verdaderos gustos y deseos.

Es muy importante y sería lo idóneo para cada persona que en este periodo de su vida pueda seguir el dictado de su corazón, ya que si no es así vienen luego las grandes frustraciones de la vida. Aquí lo que importa es lo que realmente te hace feliz.

Este es un periodo bastante difícil y complicado de cruzar, ya que todos tienen sus opiniones sobre cuál ha de ser tu mejor opción en la vida, pero permíteme hacerte una pregunta: ¿qué es lo que realmente te hubiese gustado a ti? Si no lo tienes aún tan claro, te invito a que reflexiones sobre ello porque si no realizas ese deseo de tu corazón no podrás estar en paz y será algo que siempre estará siguiéndote.

Tengas la edad que tengas y estés en la situación de vida en la que te encuentres, ya es hora de que lo realices, no es verdad que no es para ti. Si tienes un don, es un regalo de tu creador, así que aprovéchalo de la mejor manera, te han dado un regalo y, si no haces uso de él, es como si lo repudiaras, y eso no es justo con quien te lo ha dado. Además, recuerda que tu satisfacción propia te provee de la paz, la tranquilidad y la anhelada felicidad para vivir la vida que deseas.

En los tiempos de la juventud tenemos las energías y el vigor de emprender el camino que deseemos y en los años maduros tenemos la experiencia, así que no hay excusas. Este tema de los talentos tiene mucha tela que cortar, por lo que debemos esperar a poderla trabajar en una próxima entrega, es una promesa que te hago.

Pero quisiera hacerte un especial énfasis en que si estás leyendo hoy estas palabras es porque, por difícil que fuese este periodo de tu vida, eres un campeón porque lo has superado, y te pido que desde tu experiencia ayudes a quienes están pasando por este periodo de su vida, para que se sientan escuchados, entendidos y apoyados por nosotros hoy.

Ya es hora de desechar la creencia de que, si yo lo viví y lo superé a trancas y barrancas, ellos también han de hacerlo. No te pido que los tomemos de la mano y los llevemos en volandas para que nada les lastime, no, esto de nada les servirá, además, los adolescentes son personas dinámicas, llenas de ilusión y empuje, son personas que están conformando su identidad, definiendo gustos y haciéndose originalmente ellos. Solo demos buenas bases y guiemos con amor, pues hemos de recordar que "**EL AMOR NUNCA FALLA**" (1 Corintios 8:13).

Pongamos todo de nosotros para que esta vida mejore gradualmente y para que los que vienen tras nosotros no vivan las mismas afugias nuestras. Piensa que, cada vez que ayudas a otros a tener una mejor vida, te estás ayudando a ti mismo, ya que la satisfacción de hacer lo que es bueno y correcto no tiene pago alguno.

Además, lograr que nuestras nuevas generaciones sean personas realizadas y felices te dará a tu alrededor los mejores profesionales que jamás hayan existido, los mejores artistas, los mejores deportistas, los mejores en el área de la salud, las finanzas y los mejores adoradores de Dios porque darán siempre gracias por su vida y por ser parte de la creación.

Qué tal si avanzamos un poco más y pasamos a la siguiente etapa, la de la juventud, una de las más bonitas de nuestra vida, donde hacemos realidad casi todos nuestros sueños. Vamos a ella y descubramos juntos sus subidas y bajadas y lo que debemos limpiar de ella.

"NO ESCONDAS TUS TALENTOS, SE HICIERON PARA SU USO. ¿QUÉ ES UN RELOJ DE SOL A LA SOMBRA?".

Benjamin Franklin

RESUMEN, REFLEXIÓN Y EJERCICIOS

- La etapa de la adolescencia no es fácil por varias razones.

  No somos niños, pero tampoco adultos, por lo que aún estamos en sujeción de nuestros padres, sintiendo en nuestro interior que ya estamos preparados para nuestra vida.

- Aún nuestra inmadurez y falta de experiencia nos llevan por caminos poco adecuados.

- Aunque también es de resaltar que esta es una etapa realmente bella porque en ella se posee la impulsividad creadora, los deseos de ser y las energías del hacer.

- También en esta etapa uno de los mayores conflictos proviene de todas aquellas creencias erradas y adquiridas en la anterior etapa que llegan a marcar este presente, creencias de incapacidad, miedos, culpas, etc., creencias que confunden al joven que hoy quiere volar, pero, por otro lado, sus alas no están listas.

- El amor empieza a florecer y el deseo de darle vida a esos cuentos de hadas aprendidos aparecen en nuestra mente con gran fuerza. Pero, ¿en realidad están estos jóvenes preparados para ello?

- Es de resaltar que en cada etapa de nuestra vida nos encontramos con retos difíciles de superar, y en esta etapa, al ser más novedoso todo, el caos es superior, pero quienes lo hemos pasado sabemos que estas son llaves que se nos entregan en la vida para abrir nuevas puertas a un estado mejor; son aprendizajes que, aunque a veces cuesten, es necesario adquirirlos.

- La seguridad de la niñez seguramente la hayas reemplazo por **miedos,** pero es bueno que tengas en cuenta que estos pueden llegar a ser tus aliados si aprendes a utilizarlos como esos motivadores que te impulsen a ser y hacer todo lo que ellos te quieran limitar.

- Recuerda que estamos totalmente dotados de todo lo que necesitamos para nuestra supervivencia. **Somos totalmente suficientes.**

- Esta es la etapa de las subidas y las bajadas. Se te presentan situaciones que para ti son realmente difíciles, y lo peor es que cuando buscas ayuda ves que se torna escasa, casi inexistente, ya que muchos te ven como aquel niño que aún está llamando la atención, sin llegar a dimensionar la importancia que para ti tiene. Por esta razón terminas aislándote y hasta rechazando a otros, sintiéndote perdido e incomprendido y llegando a decisiones demasiado trágicas.

- En la adolescencia la vida, no siendo la más fácil, también formó en gran parte lo que somos hoy. Hemos visto que debemos saber perdonarnos por todos aquellos errores que hayamos cometido por la inconsciencia típica de nuestra juventud, pero, además, hemos de trabajar en todos aquellos puntos que sigamos arrastrando hasta el día de hoy, buscando ayuda profesional o trabajando desde la conciencia que nos da el conocimiento de que esto está destruyendo nuestra vida y la de quienes están a nuestro lado. Siendo claros, ninguna adicción es algo que lleguemos a controlar como muchos dicen por justificación.

- Llega el tiempo de tu elección de carrera, explota cada uno de tus talentos, que son verdaderos regalos divinos. Escucha el llamado de tu corazón y haz la elección adecuada, fórmate y sé quien realmente estás llamado a ser.

- Piensa que en la juventud se tienen las energías necesarias para emprender el camino que desees y en la madurez, además de estas energías, también cuentas con la experiencia, así que no hay excusas para no ser quien realmente deseas ser.

- **Llegados a este punto te hago una petición, y es que por favor desde tu experiencia ayudes a quienes están pasando por esta etapa. Escúchales, dale importancia verdadera a sus sufrimientos, apoya sus talentos y disciplina con amor. Si haces esto te aseguro que te estarás ayudando a ti mismo y estarás contribuyendo a crear una mejor vida, y recuerda que si logramos que nuestras nuevas generaciones sean personas realizadas tendremos a nuestro alrededor los mejores Artistas, Deportistas, los mejores en el área de la Salud y en las Finanzas que jamás hayan existido, además de verdaderos adoradores del creador, ya que darán gracias siempre por estar aquí, por sus vidas, por toda su creación.**

EJERCICIOS

Toma tu libreta de limpieza y en el ejercicio del perdón, donde te pedía que colocaras a cada una de las personas que debías perdonar, suma un nombre nuevo, el tuyo, y ahora escribe frente a él cada una de las cosas que te reprochas haber hecho mal en esta etapa. Posteriormente, escribe con la letra más grande lo siguiente: **"TE PERDONO DE CORAZÓN, AÚN NO TENÍAS EL CONOCIMIENTO SUFICIENTE Y POR ESO HICISTE LO QUE HICISTE, UNA VEZ MÁS, TE PERDONO".** Luego, ve al espejo y cuéntale a tu imagen todo desde quien entiende a ese joven, y frente a ese espejo de nuevo perdónate de corazón y no reprimas ningún sentimiento, déjalo fluir libremente.

RECUERDA:

"NO DEBERÍAMOS DESANIMAR A LA GENTE JO-VEN DE SOÑAR GRANDES SUEÑOS".

Lenny Wilkens

"TEN SIEMPRE EN MENTE QUE TU PROPIA DECI-SIÓN PARA TENER ÉXITO ES MÁS IMPORTANTE QUE CUALQUIER OTRA COSA".

Abraham Lincoln

"NO ACTUAMOS CORRECTAMENTE PORQUE TENGAMOS VIRTUD O EXCELENCIA, SINO QUE LAS TENEMOS PORQUE HEMOS ACTUADO CO-RRECTAMENTE".

Aristóteles

"TODOS TENEMOS TALENTO PORQUE TODOS LOS SERES HUMANOS TENEMOS ALGO QUE EX-PRESAR".

Brenda Ueland

3.

JUVENTUD, DIVINO TESORO

"Tengo las herramientas necesarias para trabajar en mi, ahora me debo la claridad conmigo mismo para encontrar mi propósito de vida y luchar por el".

Adriana Silva Quintero

La juventud es un periodo comprendido por lo general entre los diecinueve y los treinta y cinco años de edad. Aquí la madurez alcanza un alto grado en todos los sentidos, nuestros cuerpos están preparados biológicamente y nuestras mentes psíquicamente para vivir en verdadera independencia.

Al mismo tiempo, forjamos los lazos de amistad más sólidos de nuestra vida, amistades que tendrán una relevancia importante en las decisiones más cruciales para nosotros, algunos decidirán casarse y constituir nuevas familias, otros tomaron otros derroteros menos usuales, pero igualmente fascinantes en sus vidas.

¿Por qué crees que titulé este capítulo como "Juventud, Divino Tesoro"? Este es un periodo de tu vida donde la vida te sonríe. Por encima de todas las dificultades que se hubiesen podido presentar en las primeras etapas, ahora tienes el tiempo, las energías y tus talentos para lograr todo lo que te propongas, es muy importante en este momento que sepas que eres una persona muy capaz y que estás dotado de todo para hacer de tu vida el sueño que tengas en ti.

Así que no postergues, fórmate, lucha y construye tu vida con gran tenacidad, este no es el momento de dormir y ver la vida pasar, este es el tiempo de ser el protagonista de tu historia y está en tus manos hacer de ella lo que desees, requiere de ti gran fortaleza y decisión.

Busca en tu interior eso que realmente te hace feliz y empieza a luchar por construirlo, no pierdas el tiempo porque, como has escuchado muchas veces, el tiempo vuela. Sé la persona que más admiras en esta vida, construye tu mejor molde y entrégale tu mejor cara a la vida. De nuevo te invito a que seas tu mejor versión.

Muchos esto no lo tuvimos tan claro, nos dejamos entretener en el camino y seguimos la corriente que nos llevaba sin pensar hacia dónde nos dirigía realmente, solo dejamos que plácidamente fuera arrastrándonos.

Suena cómodo, pero la comodidad y la falta de lucha no te lleva a nada bueno, solo te conduce a reproducir los moldes que encuentras a tu alrededor y a vivir una vida establecida por otros que no te dará la satisfacción personal, porque es solo una burda imitación de otras vidas que ni siquiera admiras ni quieres tener.

Es como si no te hubiesen enseñado a pensar por ti mismo y solo te dirigieran a vivir ese **inconsciente colectivo de los pueblos** (Carl Jung) que ni te dará la alegría propia ni la felicidad de saberte el triunfador de tu vida.

Si el camino que escogiste fue el de casarte y formar la familia de tus sueños hiciste la misma elección que yo, mas en mi caso no fue todo lo bien que me hubiese gustado, pero me ayudó muchísimo para darme **cuenta de qué era lo que verdaderamente quería para mí y lo que no**, razón por la cual centraremos una buena parte de este libro en hablar de este tema, ya que es muy importante para toda nuestra vida.

Esta elección de la pareja ideal de tu vida está muy marcada lastimosamente por todas las historias de amor idealistas y por esos cuentos hermosos que leíamos de niños, donde una princesa siempre encuentra su príncipe azul y viven felices para siempre, pero la realidad es otra desafortunadamente, porque los que se unen son personas de carne y hueso llenas de imperfecciones que traen cada una historias y sus respectivos traumas encima.

Qué bien que hubiésemos sabido esto años atrás porque seguramente nos podríamos haber hecho chequear primero para que nuestros traumas fueran eliminados en el momento oportuno y haber podido entregar nuestra mejor versión a nuestra compañía idónea; pero como no fue así lo más probable es que ese barco que zarpó terminara en "Crónica de una muerte anunciada" (título del libro del maravilloso autor Gabriel García Márquez).

Unir un par de vidas en un vínculo, el cual por naturaleza humana deseamos que sea eterno, es bastante complicado porque son dos personas que tienen diferentes gustos, maneras de pensar, de sentir, diferentes mundos. Y es que si se quiere no estamos uniendo solo dos vidas, estamos uniendo en realidad familias, amigos, economía y hasta mascotas, siendo más específicos.

Esta decisión en mi caso fue tomada de manera muy inmadura, sin tener nunca en cuenta situaciones relevantes como son la economía, que en cada faceta de tu vida tiene mucha importancia. En esto nos falta muchísima educación. Empiezas tu vida laboral y no sabes nada sobre la administración de los bienes, por lo que el dinero en tus manos es agua, se va en cada capricho, y sin darte cuenta las cosas más importantes están descubiertas.

El dinero lo has de tratar con la seriedad con la que se trata algo que te da una seguridad y está hecho para facilitarte la vida, no para amargártela, pero esto lo has ignorado cuando has empezado a tener tus primeras deudas, que no son más que lazos que empiezas a anudar alrededor de tu cuello y que, sin darte cuenta, terminan asfixiando.

Las deudas no son más que gastos no presupuestados que debes borrar de raíz con la mayor rapidez posible. La economía se ha de tratar con su debido respeto, como todo en tu vida, planificando por medio de presupuestos cada movimiento que realizar para que cuando inicies cualquier proyecto en tu vida lo hagas con la certeza de que no lo llevarás a la bancarrota.

Jehová, quien entre sus cualidades alberga el orden en todos los sentidos, nos enseña en Lucas 14:28: **"Por ejemplo, ¿quién de ustedes que quiere construir una torre no se sienta antes a calcular los gastos y ver si tiene suficiente para terminarla? No sea que ponga los cimientos, pero no pueda acabarla y todos los que lo vean comiencen a burlarse de él diciendo: Este hombre comenzó a construir, pero no pudo terminar"**.

Jesús con estas palabras nos exhorta a que cada proyecto de nuestra vida sea presupuestado bajo estudio minucioso para que termine de la mejor manera y cada cosa iniciada nos decidamos a llevarla hasta el final.

¿Te sentaste con tu pareja a dialogar sobre ese gran proyecto en común que estabais iniciando?, ¿acaso cada uno mostró un balance claro de sus finanzas hasta ese momento? Seguramente la respuesta es negativa y es que ese tema se nos antoja tan frío para incluirlo en un aspecto de nuestra vida que pensamos que debe ir regido solo por los sentimientos.

¿Cuándo has visto que en los cuentos de hadas se siente el príncipe con su próxima princesa a hablar sobre el tema? Si te das cuenta, él ya es un hombre o ella una chica afortunada económicamente, sus vidas ya están aseguradas y hasta las de su descendencia, por esto solo se centran en sus sentimientos.

Esto en tu caso debió de ser igual, porque una unión de estas magnitudes no es un juego ni un cuento de hadas, somos personas del común que nada tienen que ver con una realidad así. Por esto, más que cualquier cosa, la planificación de tu vida de pareja se debiera empezar a pensar cuando ya tengas tesoros que entregar, no solo en lo económico, sino en todas las facetas de la vida.

Muy seguramente ni siquiera nos sentamos para ser tan claros en expresar todos los miedos que con nosotros llevábamos ni mucho menos nuestros verdaderos deseos para esa vida en común. Tal vez esa verdadera personalidad que íbamos a unir con esta persona hasta ese momento no había salido a la luz y los dos íbamos con las máscaras puestas.

Así, esta torre en construcción claramente estaba con sus cimientos en muy mal estado y sería casi un milagro que hubiese podido mantenerse en pie.

Por esto la importancia de que primero se trabaje en ser el fiel reflejo de esa persona que quieres para ti, no es un juego de niños arrollados por los sentimientos, la familia es el mayor pilar en el que se sostiene esta sociedad y tu vida.

Una buena unión es algo placentero y superagradable de vivir, la lucha está en que puedas decir cuando se te pregunte: "Soy una persona felizmente casada".

¿Y si ya estás casado y no has tenido en cuenta estas cosas y ahora luchas por que esta relación flote en todos los sentidos? La respuesta más facilista de este mundo es: ¡¡sepárate!! Parece la solución más "fácil", mas te digo que no lo es, y sé por qué te lo digo, porque yo lo hice, me divorcié por múltiples razones, y aunque hoy esté muy bien, el proceso fue doloroso, ya que con una ruptura quedaban hijos por medio, en este caso, una nena. Estos niños no han de asumir las indecisiones de sus padres y, por otra parte, algo que duele en el alma son esos sueños rotos que habías construido para ti y los que amas, esa vida donde te visualizas en compañía hasta tu vejez.

Por eso te invito a que pongas todo de ti para que las cosas funcionen, para esto has de tener deseos de luchar y ganas, porque no es nada fácil. En esta situación, y aunque parezca una frase muy usual, la comunicación es primordial, pero sentarte a hablar con reproches y culpabilidades, eso lleva a más caos.

Hay que hacerlo desde la madurez del que sabe que todo lo que tiene en su vida es al cien por ciento su responsabilidad, cuestionándote, desde la humildad y la sinceridad propia y sin justificaciones, qué has hecho para que esta relación esté en un punto de crisis.

Cuando empiezas desde mirarte a ti mismo invitas a tu compañero de conversación a realizar el mismo acto de valentía y, además, algo muy importante es el saber expresar nuestros verdaderos deseos de vida.

Esto es algo que no solemos hacer y empezamos una serie de reproches y descargas de culpabilidad sobre la otra persona para liberarnos a nosotros mismos de nuestra responsabilidad, por lo que después de escuchar o recibir toda la basura que tiramos sobre la otra persona esta difícilmente querrá expresar sus ideas, solo el dolor, y la rabia dará paso al silencio y al huir.

Total, que, como puedes darte cuenta, esto termina sí o sí en ruptura, con sus consecuencias de dolor. Los sentimientos aún no habrán muerto del todo, pero estaremos enterrando algo que hemos amado y disfrutado, por lo que se debe permitir vivir esa etapa de duelo y si es necesario buscar ayuda profesional, debido a que en ese momento se pueden presentar todos aquellos sentimientos de fracaso.

Estos sentimientos son importantes de tener en cuenta, ya que las sustancias químicas que segregamos en nuestro sistema nervioso pueden llegar a empeorar nuestras sensaciones, por lo que es muy importante llegar pronto a la estabilidad emocional. Aunque un buen divorcio es muchísimo mejor que un mal matrimonio, por el bien de la pareja y de los hijos si los hay, te invito a luchar por ser un buen interlocutor en tu vida, a saber dialogar desde la responsabilidad propia y a saber conciliar desde la verdad tuya y del otro y poniendo en obra todo aquello a lo que nos hayamos comprometido para llevarlo todo a buen puerto.

Añadiendo un punto más a esta situación que se vive tras la ruptura de una relación tan importante en tu vida, como es la de un matrimonio, está la de ser padre o madre de una criatura. Quedas solo con la responsabilidad de dar lo mejor de ti a una personita que apenas empieza a descubrir el mundo que le rodea y ahora ha de entender que sus instructores de vida más importantes, sus padres, no podrán hacerlo juntos.

Ser padres en estas circunstancias es bastante duro y aquí la criatura ha de ser tomada muy en cuenta sin llegar a la superprotección. Sé que estar a cargo de una persona es bastante duro, pero como todo es una tarea que se logra siempre hacer con amor y dedicación, y cómo no, entregándote de cuerpo y alma a esos seres que no han tenido nada que ver con las situaciones que tú hayas tenido en tu vida. Ama este regalo de la vida y cuídalo como el bien más preciado, recuerda siempre que los hijos son una gran bendición.

Los acuerdos entre las dos partes son indispensables, siempre teniendo a la criatura al margen de discusiones y reproches, que no sean ellos las flechas que lancemos para herir y ser heridos. Es muy importante que se concilie teniendo en cuenta las necesidades de ese ser y no nuestros deseos egoístas que en muchos casos suelen florecer.

Recordemos siempre dejar claro a nuestros hijos que todo lo que estamos haciendo en este proceso de separación lo hacemos pensando en la felicidad y tranquilidad nuestra, para que a su vez ellos obtengan una buena lección de luchar por todo aquello que les dé tranquilidad en su vida y les haga felices, siempre teniendo en cuenta los sentimientos y tranquilidad de los demás.

"GUARDAR RENCOR ES COMO SUJETAR UN
CARBÓN CALIENTE CON LA INTENCIÓN
DE LANZÁRSELO A ALGUIEN MÁS;
ES UNO ELQUE SE QUEMA".

Buda

RESUMEN, REFLEXIÓN Y EJERCICIOS

- Debes conocerte a ti mismo primero, esto te ayudará a saber realmente qué es lo que quieres y lo que no, además de a quién verdaderamente quieres en tu vida.

- Ha quedado claro que ser una persona pasional te da un empuje que debes aprovechar para crecer primero tú misma y llegar a ser tu mejor versión, ser esa persona que deseas encontrar, hallándola primero en ti para luego encontrarla fuera.

- Si sabes manejar bien tus bienes materiales le darás un descanso a tu alma. Debes hacer presupuestos reales que lleven tus proyectos a buen final y evitar el endeudamiento a toda costa, ya que es muy importante para no poner un lazo en tu propio cuello que llegue a asfixiarte. Recuerda siempre que una deuda es algo que no has presupuestado y que está fuera de tus verdaderas posibilidades.

- En caso de que haya deudas adquiridas has de:

- Realizar un plan de ataque para exterminarlas de raíz, una lista detallada y minuciosa de cada deuda adquirida y luego de cada pago que realizar para ir saliendo de ello.

- Si tienes tarjetas de crédito que sea solo una, aunque es mejor ninguna, a veces se pueden tener para emergencias. Una buena manera de controlarlas es no llevándolas contigo, así evitarás usarlas en caso de caprichos.

- Para cosas que **realmente** necesites y no sean urgentes, hazte ahorros programados y los adquieres con tu dinero en mano.

- Has de apretar el cinturón tuyo y de los tuyos, para ello involucra a cada miembro de tu familia, no subestimes en esto a los peques, te llegarás a sorprender de cómo los niños nos enseñan a ser aún más austeros y, de paso, les estarás enseñando a ser organizados y conscientes con el dinero.

- Separa una pequeña cantidad de tus ingresos cada mes para hacer una salida de ocio en familia o en pareja, según sea necesario, que te ayude a cargar energía y fuerzas para todo el mes que sigue. Es justo y necesario, ya que como dice Dios en su palabra en Eclesiastés 3:13: **"Y también que todos coman y beban y disfruten de todo su duro trabajo. Eso es un regalo de Dios"**.

• Planifica y presupuesta cada nuevo proyecto y mira si está en tus posibilidades siendo muy realista. Busca siempre proyectos que te den productividad, no que estanquen tus ingresos. Por ejemplo, una casa te dará gastos y no te produce ingresos, al contrario, un buen negocio te dará ganancias para adquirir tu casa y sostenerla.

- Si estás pasando por un mal momento en tu relación de pareja, sentaos en un lugar tranquilo sin ninguna distracción y en un momento donde nada ni nadie os interrumpa, para poder tener una buena conversación calmada y con un espíritu de acuerdo, buscando siempre palabras adecuadas, nada hirientes, como dice la Biblia en Colosenses 4:6: **"Que sus palabras sean siempre agradables, sazonadas con sal, para que sepan cómo deben responder a cada persona".**

Te invito a que inicies la conversación desde ti mismo, limpiando toda la mala hierba que hayas podido sembrar en tu relación, para después dar paso a tu pareja, para que lo haga también, siempre desde la claridad, la sinceridad y la generosidad hacia ti y hacia ella. Debes ser muy sincero contigo mismo y luego con tu pareja en lo que queréis y no queréis en vuestra relación.

- Adquirir compromisos claros y, sobre todo, cumplirlos, por difícil que parezca. Un ejemplo son las expresiones de cariño y consideración hacia tu pareja, aquí se ha de ser muy explícitos para que cada uno sepa lo que el otro espera y desea, recuerda estas palabras que ya hemos citado antes (1 Corintios 10:24): **"Que nadie busque su propio provecho, sino el del otro"**.

Recuerda que la vida es un bumerán, de lo que das recibes, y si lo haces desde el amor y no desde el egoísmo, buscando solo la recompensa, cosecharás diez veces más de lo que has dado.

- Si aun después de las conversaciones tenidas la situación no mejora, es mejor una buena separación que un mal matrimonio por el sufrimiento que genera en cada miembro de la familia, pero se ha de pensar en esta opción después de haberlo dado todo para conseguir la unión.

- Llegados a este punto, conciliar de la mejor manera sin usar nuestros niños como flechas para hacer daño ajeno, porque realmente a quien le estamos haciendo daño es a quien menos debe salir afectado en todo este duro proceso, tu propio hijo, además, que todo lo acordado sea en pro y beneficiando siempre al menor.

RECUERDA:

"ADQUIRIR DESDE JÓVENES TALES O CUALES HÁBITOS NO TIENE POCA IMPORTANCIA: TIENE UNA IMPORTANCIA ABSOLUTA".

Aristóteles

"COMPRA SOLAMENTE LO NECESARIO, NO LO CONVENIENTE. LO INNECESARIO, AUNQUE CUESTE UN SOLO CÉNTIMO, ES CARO".

Séneca

"EL DIVORCIO ES, EN EL MEJOR DE LOS CASOS, UN FRACASO, Y NOS INTERESA MUCHO MÁS BUSCAR CURAR SU CAUSA QUE COMPLETAR SUS DEFECTOS".

Gilbert Keith Chesterton

4.

UN NUEVO CAMINO

Juventud, Divino Tesoro

"Todos tenemos derecho a fracasar en el intento, lo que no debemos permitirnos es abandonar nuestros sueños".

Adriana Silva Quintero

La vida continúa después de cada caída y la fortaleza que tiene el ser humano es siempre siempre poderse levantar. Después de haber vivido un fracaso o una pérdida de cualquier índole, nos damos cuenta de que la única manera de que se paralice el mundo es "si yo no estuviese en él" y, aun así, "solo pasaría esto para mí porque el ciclo de la vida continúa".

Ya superado este duelo de la separación, que de hecho se ha de trabajar muy bien para eliminar culpabilidades, malos recuerdos y rencores que te pueden llegar a estorbar mucho en tu vida presente, ya que cosas como las tradiciones familiares tienen mucho juego aquí porque me dejaron la creencia del amor para toda la vida, que en verdad para mí actualmente es lo mejor, pero que en ese momento solo me causaba dolor por no haber sabido escoger y ser la pareja idónea para lograrlo.

Vengo de una familia en la que todos los cabeza principales, abuelos, padres, tíos, llegan a viejitos juntos y con amor, que es lo más bonito, así que esto causaba en mí más sensación de fracaso.

Además, tu mente empieza con sus juicios implacables contra ti mismo, que son aún más duros que contra otros, y esto le da aún más importancia a hacer una limpieza a fondo de todos esos sentimientos que subyacen a la separación para poder darle la bienvenida a aquellas nuevas personas que continúan llegando a tu vida. Unas aportarán, otras pasan más inadvertidas, pero ninguna te dejará indiferente porque estuvieron contigo y, sobre todo, tú estuviste con ellas para dejar una huella imborrable.

Ahora, ¿te has preguntado para qué te ha servido lo vivido?. Esta pregunta es excelente hacérsela constantemente, con ella podrás tomar conciencia del aquí y el ahora.

Muchas veces caminas por la vida tan distraído, que no te das ni cuenta de que lo que estás viviendo o has vivido es una gran lección para ti, así que te digo que cada día te dejará una enseñanza valiosa.

Decídete a hacerte un buen diario de vida, con él lograrás hacer consciente lo inconsciente por medio de la escritura, es algo valioso. Seguro que tienes la idea de que no eres un buen escritor y redactar cosas te cuesta, esas son las barreras de tu mente cómoda, ella solo desea tenerte en esa zona de confort donde todo acto de más, aunque sea para crecer, es una pérdida de tiempo y energía, por lo que te crea los límites que te llevarán a no trabajar en ti y en tu crecimiento.

Estamos maravillosamente hechos con todas las capacidades para toda buena obra.

"Todos los regalos buenos y todos los dones perfectos vienen de arriba, descienden del Padre de las luces celeste. Él no varía ni cambia".

Santiago 1:17, La Biblia.

Así que si piensas que no tienes ese don, te pido que te pongas frente a una libreta y tomes acción, solo es ponerte. Empieza paso a paso, escribe lo sucedido en tu mañana, léelo detenidamente, como quien busca una pepita de oro. Así hazlo con cada parte de tu vida y te podrás dar cuenta al final de:

- Qué has hecho en este día.

- Qué has dejado de hacer.

- Qué triunfos has tenido en este día y estos atesóralos.

- Qué errores has cometido que debas aprender de ellos y no volverlos a cometer.

- Qué buenas obras has realizado, seguramente sentirás gratitud y felicidad por ello (sé sincero y no menosprecies los regalos que das a otros).

- Qué joyas han entregado otros a tu vida.

Si te das cuenta, con esta lista puedes llegar a ser consciente de un sinnúmero de sucesos que han pasado en tan solo veinticuatro horas, y si no te dieras ese regalo en forma de tiempo se perderían. Además, hacerlo por escrito te da la oportunidad de volver a estas enseñanzas tantas veces como desees.

Como te mencioné antes, las personas continúan llegando a tu vida y algunas de ellas se pueden llegar a quedar en ella, como me sucedió a mí.

Conocí a una persona que en su momento vi como alguien maravilloso, todo y que mis miedos y recelos me detenían ante la idea de entregar de nuevo mi corazón, de allí la importancia de curarse antes bien y limpiarnos de ideas falsas, como que todos son iguales o que si te sucede una vez volverá a pasar.

Eso no es así, si actúas con sabiduría, la sabiduría te ayudará a saber usar lo aprendido y aplicarlo en tu presente, ya sabes qué quieres y qué no quieres en tu vida.

Con ese filtro claro podrás darte cuenta de si la persona que tienes frente a ti es la indicada, y así lo vi yo y aposté por ello contra viento y marea, ya que quienes estaban alrededor mío y me amaban querían evitar que sufriera de nuevo, sin darse cuenta que a veces cuando se ama tanto también podemos llegar con nuestras creencias a impedir que otros logren su felicidad.

Lo que ellos no sabían y entré a explicarles con claridad y convicción era que yo había **aprendido de mis errores,** esto es algo muy dicho, pero que muchas veces no hacemos. Amigo lector, **quien tropieza dos veces en una misma piedra es un necio y no está actuando con sabiduría,** y este fue mi argumento para hacer entender a mis familiares que yo apostaría por mí y por mi felicidad, y que, si en mi pasado había permitido que otros vivieran la vida por mí, ahora no lo iba a permitir.

Era yo la única que tenía que velar por mi felicidad por encima de todo (**100 % de responsabilidad**) y así es, eres tú el héroe de tu vida, eres tú el verdadero responsable de que hoy rías o llores. Perdóname si esto te duele, pero es real, no eres víctima, recuerda que eres creador de tu realidad.

Ahora surge otro obstáculo mental que superar, la barrera de la creencia que te dice que "todos los padrastros o madrastras son malos", idea preconcebida que nos llega por herencia y que es bastante tóxica a la hora de apostar por una nueva relación. No podemos encerrar en un mismo saco a todos en patrones, cada persona en la vida tiene su subjetividad. Es verdad que debemos ser, como nos dice Jesús, el Gran Maestro:

"Así que sean cautelosos como serpientes, pero también inocentes como palomas"

Mateo 10:12, La Biblia

y eso fui yo y te adelanto que gané.

Al tener una niña muchos te llenarán de miedos con lo que le puede pasar si otra persona viene a su vida. Muchas veces debes ser egoísta y saber que si tú estás bien tu alrededor estará aún mejor, además, con la tranquilidad y la paz de quien está haciendo las cosas bien tendrás mucha más perspicacia y serás más objetivo y sagaz.

Si a ti te ha costado confiar y abrirte, ahora imagina a esa personita, que en su momento contaba con cuatro años, sintiendo que un desconocido se acerca a su madre y le da amor.

Has de saber y tener en cuenta que todo necesita su determinado tiempo, pero igual que la gota de agua que cae sobre la roca puede llegar a romperla en dos, el amor verdadero y genuino llega a hacer los milagros que quieras y necesites en tu vida.

Y así fue en este caso, mi nuevo compañero de vida fue amoroso en su medida y fue inteligente, supo acercarse a mi niña y con las armas más indicadas, los juegos y el verdadero interés, además de un cariño genuino, se ganó su corazón. A medida que transcurre esta historia veremos las maneras más adecuadas de tratar este tema.

Por otra parte, es necesario saber y tener muy presente que los fantasmas del pasado querrán volver a tu vida, tú decides si les das cabida o no. Te aseguro que la mejor decisión es vivir el aquí y el ahora, además de ser muy honesto contigo mismo, con tu pareja y con los que están a tu alrededor, esto es indispensable. No debes imponer amistades o personas que estén relacionadas con tu anterior relación a esta que vives hoy, hemos de tener en cuenta los sentimientos y la personalidad de quien ahora es nuestro compañero de vida.

Seamos en todo razonables, hay muchos detalles que tener en cuenta y seguro que lo haremos. Dejemos lo pasado donde le corresponde para que no se interponga en tu realidad actual, porque te digo esto: muchas personas querrán regresar a tu vida, pero tú ahora has cambiado y algunas de ellas ya no tendrán cabida en este presente, por lo que será importante que sepas amorosamente pero con firmeza apartarlas de tu ahora, por el bien tuyo y de tu nueva familia.

Acoplarte a una nueva forma de vida es complicado, mas se logra con trabajo consciente de que es lo que deseas para tu vida actual, usando lo vivido como enseñanza para el presente y realizando (acción) todo aquello que esté en pro de una vida en pareja óptima. Con esta mentalidad inicié estas nuevas páginas de mi vida.

Por una gran cantidad de situaciones adversas decidí dejar mi país e iniciar una vida nueva lejos de mi tierra natal. Por favor, qué duro fue, pero como dije fue mi decisión, y cuando asumes una nueva realidad así has de hacerlo con conciencia y sabiendo asumir cada sentimiento, cada reto, cada nueva situación con gran valentía, sabiendo que todo lo que has hecho lo haces conscientemente y asumiendo una total responsabilidad.

Esta situación no es nada fácil, yo viajé miles de kilómetros, dejé mi tierra detrás de un gran océano y con ella a la gran parte de las personas amadas. Todo y que tal vez tú no hayas tenido que inmigrar, muchos lo hacemos de diferentes maneras, cambiar de ciudad o solo de entorno ya son cambios importantes, pero con la ilusión presente de quien está forjando su nuevo presente las cosas fluyen de la mejor manera.

Además, esto ayudó a que todo empezara desde cero, y así iniciar una nueva relación se hace fascinante, ya que has dejado atrás patrones preconcebidos para darles paso a unos nuevos que ahora construyes con tu compañero, y como dijo **Mario Benedetti**:

> **"**En la calle codo a codo somos
> mucho más que dos**"**.

(Fragmento del poema Te Quiero).

Si estando con la persona idónea tienes todo lo que necesitas para llevar tu barco a buen puerto, tener la persona idónea contigo te da fuerza, energía y te ayuda a sentirte y ser capaz de cualquier cosa que desees en tu vida.

Es por esto que es muy importante cuidar mucho a quien unes a ti, saber siempre hacia dónde quieres ir y qué deseas tener es indispensable. Se dice fácil, pero esto es un trabajo mental bastante importante, requiere de toda tu atención consciente. Hablamos antes de qué ha de hacerse para realizar una buena construcción, ¿recuerdas? En ello vimos la importancia de la planificación y es que esta herramienta es indispensable a cada paso de tu vida.

La persona que no planifica, improvisa, y quien improvisa ha de asumir cada obstáculo y cada sorpresita que suele suceder, y no quiere decir que quien planifica no lo puede llegar a vivir, pero seguramente que estará muchísimo más preparado para cualquier vicisitud presentada. Ahora sí. "Estábamos hablando de la buena elección de pareja, ¿por qué saltamos de nuevo a la planificación?, te preguntarás, pues porque paso seguido a reconocer a tu pareja como la persona ideal para tu vida muy seguramente y después de algunos años a su lado el deseo de materializar ese amor en un nuevo ser se presente, y así lo hicimos nosotros.

Mi compañero de vida, mi hija y yo nos sentamos a hablar del tema, queríamos incluir un nuevo integrante a nuestra familia y todos estábamos de acuerdo. Nos comprometimos en ser parte activa de este nuevo reto, de traer esa personita con la que nos comprometemos a ser responsables de su vida, y así lo hicimos.

Bajo chequeos previos médicos iniciamos la concepción de ese nuevo ser, y cuando se inició su desarrollo dentro de mí fue una gran ilusión, algo que nos llenó de ganas y dicha. A pesar de haber tomado todos los cuidados, las cosas no iban todo lo bien que hubiésemos querido y a los cinco meses tuve amenazas de aborto y quietud absoluta en cama, pues mi nena tenía unos deseos supremos de llegar a la vida y aún no estaba preparada. Te cuento todo esto para ponerte en situación de los nuevos retos a los que me enfrentaba y para mostrarte un poco el inicio de otro camino que debimos recorrer y que trataré en una nueva entrega de esta saga de **ME DOLIÓ LA VIDA... AHORA ME RÍO.**

Retomando te contaré que la niña llegó a la vida después de una semana de estar ingresadas en el hospital con treinta y cuatro semanas de vida y después de un parto bastante difícil que terminó en una cesárea, además de haber tenido sufrimiento fetal por un prolapso de mano y falta de oxigenación, pero llegó ese ángel que tanto esperábamos y verle fue uno de los más grandes regalos en nuestra vida.

Hago aquí un paréntesis para decirte que, a pesar del gran amor que me une a estas dos bendiciones de mi vida, tengo un gran respeto por todas aquellas personas que toman la decisión de unir sus vidas y no traer más personitas a esta, se requiere también de un gran valor y una renuncia absoluta. Estamos tan acostumbrados a incitar a la maternidad y a la paternidad a las nuevas parejas sin respetar muchas veces sus decisiones y anhelos en la vida que entra en nosotros ese cuestionamiento atrevido por su opinión hacia este tema.

Te invito desde aquí a que dejemos atrás el molde preconcebido de que una pareja sin hijos está actuando egoístamente porque no es así, tú no conoces las circunstancias de sus decisiones, esto forma parte del respeto que siempre vamos profesando por los demás, cada familia ha de tomar sus propias decisiones.

Mi familia tomó la decisión antes citada y ya tenemos nuestra nueva integrante en la familia, una nena hermosa que, aunque no tenía el tiempo apropiado para llegar, estaba con buenas medidas y peso, aun así, debió estar ingresada y en incubadora durante once días después de su llegada. Después de esos días la llevamos a casa y se inició en mi mente una lucha porque debido al embarazo vivido y el parto que pasamos, y teniendo estudios de psicología, aunque no terminados, sabía que estas personitas que viven situaciones como esta muchas veces llegan con alguna situación adversa, y mi atención estaba enfocada en ello, en detectar lo más pronto posible alguna anomalía existente.

Pasaban los meses y, aunque los profesionales insistieron en su bienestar, yo, que era su madre y quien pasaba más horas a su lado, veía lo que nadie veía, que mi ángel no era como los demás, y ante la impotencia de no ser escuchada empecé a sufrir más que en ninguna otra fase de mi vida.

Aquí entró en uno de los estados más duros y dolorosos, y es que realmente podemos asumir muchísimas de las cosas que nos sucedan, nos sobreponemos a las adversidades con gran fuerza, pero cuando vemos a unos de los seres que más amamos pasar por cosas en las cuales no podemos ayudarles, las fuerzas flaquean y la cordura se empieza a resquebrajar.

Sin embargo, también te diré que en ese momento no sabía muchas cosas que hoy conozco, pero todo esto también te forma y te construye, solo que en ese momento no lo sabes ni tienes la claridad para poder verlo.

Mi hija tiene autismo, el cual no fue diagnosticado por los médicos hasta muchos años después. Esta gran vivencia de mi vida, que puede no ser la misma que tú hayas vivido, me marcó, me dejó a mí y a todos los integrantes de mi familia grandes enseñanzas. Si deseas profundizar sobre este tema y todo lo vivido como familia, en mi libro **MI MAESTRA DE VIDA ES AUTISTA** podrás encontrar muchísima más información y mucho más detallada.

Aunque tú no hayas pasado por esta enseñanza de la vida muy seguramente habrás tenido otras que te marcaran y dolieran. ¿Y qué te digo con la certeza de haberlo vivido? Pues que todo te educa para tu vida, te está fortaleciendo.

Cuando estamos pasando por en medio de la tormenta, puede parecer que se hunde nuestro barco y no vemos las boyas de salvación por ningún lado, menos aún podemos ver todos los barcos salvavidas a nuestro alrededor, pero te digo con toda convicción que existen, solo que nuestro egocentrismo no nos permite verlos, ya que estamos centrados en lo que sentimos y estamos viviendo.

Estás sufriendo por todo y por todos en esta vida desde tu mente, ¿puedes entrar en la vida del otro para poder sentir sus verdaderos sentimientos y saber que lo que viven realmente es tan malo como tú crees? Nos centramos en lo que pensamos y vivimos desde nuestro prisma, pero, ¿te has parado a pensar en que solo es tu punto de vista? ¿Cuál es realmente la verdad que está viviendo el otro? Y como dijo Jesús en una de sus enseñanzas más conocidas: "Conocerán la verdad y la verdad los hará libres". La verdad en todos los sentidos provee libertad.

Yo, en ese momento de desespero por no estar viendo la supuesta normalidad en mi hija, empecé a vivir según mis pensamientos e inicié una cadena de culpabilidades en mí, ya que estamos acostumbrados a que si algo no sale como no pensábamos es porque está mal, y, si está mal, entonces ha de tener un culpable.

Esto no es así, hemos de saber tomar las cosas en nuestra vida como sucesos presentados que debemos trabajar y sobrellevar. ¿De qué sirve en estos momentos buscar culpabilidades y cuestionarnos qué cuidados no realizamos en su momento o qué pensamientos y acciones tuvimos para que nuestro bebé esté en esta situación? Y, es más, ¿realmente pensaba en ella o de nuevo en medio de mi egocentrismo me estaba centrando solo en mis sentimientos y deseos?

Como es de esperar, estos cuestionamientos no te ayudan para nada, tan solo hacen que te hundas más en depresiones y grados de ansiedad que van deteriorando el cuerpo y la mente, pasando la factura más alta que puedas llegar a pagar, la de tu salud física y mental, porque ningún cuerpo aguanta una serie de cargas que sobre él con tus pensamientos vas depositando.

Pensemos por un momento en un animalito de carga, en este caso un asno. Empiezas a caminar por un sendero y te diriges hacia un lugar X, para llegar a tu destino vas pensando en lo que necesitas para el trayecto y vas cargando tu animalito con una serie de objetos que ni siquiera tú sabes si vas a utilizar, pero los llevas por supuestos, por si acasos. Unos tras otros los vas depositando sobre su lomo sin importar su tamaño, peso y volumen. ¿Qué crees que pasará al final en el lomo de este pobre animal? ¿Piensas que se mantendrá erguido y que como una viga de contención soportará todo este peso puesto? ¿Verdad que lo más lógico en este caso es que su lomo termine por romperse y que este pobre animal acabe en el suelo tendido sin poder avanzar? Esto es lo que terminamos haciendo con nuestra vida en situaciones adversas.

En lugar de tomar las riendas y la responsabilidad de nuestra vida y empezar a avanzar buscando soluciones, nos llenamos de basura mental que solo hace un ruido ensordecedor y acalla nuestra razón.

Al tener el diagnóstico de la nena (aquí abro un paréntesis para agradecer al doctor Francesc Cuxart de la Red de Servicios Autisme la Garriga, quien fue el primero en confirmar mi hipótesis), se inicia un nuevo camino de duro trabajo para lograr nivelar un poco el desarrollo más óptimo para mi niña.

Todo esto de la mano de continuar siendo madre, esposa y hasta ese momento trabajadora, cosa que costó muchísimo dejar de lado, ya que me sentía supremamente bien realizando el trabajo de aquel entonces. Pero de nuevo, bajo consenso con mi esposo, pusimos las cartas sobre la mesa en cuanto a cuáles eran nuestras prioridades en la vida, y la esencial era la salud de nuestra nena, por lo que me dediqué a todo lo que ella necesitaba en su momento.

Me dediqué a ella y a todo lo de mi alrededor, cargando conmigo una mochila que, si ya pesaba con todo lo vivido en mi pasado, ahora yo le iba añadiendo más peso, y día a día la carga se hacía más pesada y difícil de sobrellevar.

Te preguntarás por qué los que estaban a mi alrededor no me ayudaban, que en este caso era mi hija mayor, una jovencita de tan solo once años, y mi esposo, que trabajaba y sostiene nuestro hogar y cada inversión que realizamos en pro de la nena.

Te cuento que, como seguramente te puede pasar a ti en muchas situaciones, me sentía la *superwoman* de mi historia y no permitía que nadie tomara mi mochila y que ni siquiera caminara unos pasos con ella.

Lo asumí todo sin permitir que los demás asumieran lo que yo veía que por derecho propio me pertenecía solo a mí. Era yo la líder aquí, y qué error tan grande cometía. Fui esa líder mediocre que no sabe relegar, que no ve en los que tiene a su alrededor el potencial necesario para realizar las tareas tan perfectamente como las hacía yo.

¿Quieres saber qué precio se paga cuando no te permites trabajar en equipo? Porque **te recuerdo que somos los artífices de nuestra vida**, y el objetivo de contarte todo esto es básicamente que te mires en este espejo, porque es casi un patrón de conducta de las personas a las que les ha dolido la vida el irse a los extremos, o lo asumes todo o algo tan malo como ello, dejas toda la carga a los demás.

La vida realmente es un equilibrio constante y tenemos el mejor ejemplo en la naturaleza. Pensemos que estamos creados en un todo y esto es esencial para sostener ese todo, el verdadero equilibrio.

Bueno, el precio pagado fue que mi sistema nervioso perdiera su resiliencia y la falta de cordura empezó a adueñarse de mí. El cuerpo empezó a romperse y apareció también la fibromialgia, la depresión y la ansiedad, términos que había escuchado, pero que hasta ese momento eran extraños en mi vida. Había logrado superar abusos sexuales vividos a mis veinticinco años, desamor y soledad.

Sin embargo, cuando tu amor propio baja estas cosas las puedes llegar a ver como cosas normales que le suceden a personas y que no valen tanto como creías. Pero que mi niña, una de las personas a las que más amaba en mi vida, estuviese pasando por algo que se escapaba de mis manos solucionar, esto no lo pude aguantar.

Aquí es verdad que la falta de fe juega un papel muy importante. Cuando tienes fe en un ser superior a ti y crees que existe realmente y que está contigo puedes pasarle parte de tus cargas y saber que Él, sea quien tú creas que es, te podrá ayudar.

Pero cuando te endiosas a ti mismo y te crees que eres tú la persona que debe solucionar todo en tu vida, esta soledad causa estas situaciones llegando a hacerte parte del problema y no de la solución. A todo esto, mi niña ya con cinco años hablaba y en su colegio se iba integrando de una mejor manera.

Por otro lado, la vida se encargó de que mi hija mayor de catorce años, aunque era una niña, madurara más de prisa que las demás nenas, y tenía también una responsabilidad alta dada la fe que profesa y la cual en su vida es lo primero y lo esencial, ya que ella tiene verdaderamente a su Dios, Jehová, como su prioridad en la vida.

Mi esposo, un hombre de un alto grado de responsabilidad en la vida, trabajaba cada día, como él dice, por ser un uno por ciento mejor.

Pero yo me di el lujo, no pensado ni meditado conscientemente, de bajar los brazos y dejar de luchar, me entregué a la locura textualmente, ayudada también de muchos fármacos (quince pastillas al día) que me suministraban los médicos y que en mi caso lo que lograban era nublar mi mente y robarme la capacidad de razonar por mí misma. Me sentía como metida en una burbuja desde donde me veía como un estorbo para los demás, un ser incapaz de ser útil, y es entonces cuando empecé a pensar que la vida sería mejor sin mí allí, que los demás estarían más libres y felices sin tener que cargar con un estorbo tan grande como lo era yo.

De nuevo mis pensamientos invadieron mi mente, de nuevo pensaba por los demás y no les permitía ser ellos los que decidieran si deseaban una vida conmigo o no, yo ponía en sus pensamientos los míos y los asumí como si de ellos vinieran. Todo ello sin darme cuenta de que era yo quien les enviaba el bumerang para luego recibirlo, realmente solo era el espejo de mi realidad, era yo manifestando en mi universo egótico mis pensamientos.

Si te sientes identificado con estos pensamientos te pido que pares y que realmente reflexiones sobre que no son más que tus creencias, que las personas que te rodean están allí porque quieren estar a tu lado y porque te quieren, porque, aunque estés pasando por un mal momento en tu vida, tu esencia no es esa, eres una persona valiosa y das justo lo que ellos necesitan en sus vidas.

Nosotros no nos atraemos por casualidad, es por causalidad que tú estás rodeado de quienes tienes en tu vida, eres como un imán que atrae lo que te rodea, sea bueno o malo.

Esto puede llegar a molestarte más o menos, pero es la verdad y la verdad duele, y es aquí donde el 100 % de responsabilidad sobre tu vida juega un papel muy importante. Mírate y mira a quienes tienes junto a ti, es como si te estuvieses viendo en un espejo.

Por eso te pido que tomes ahora tu libreta de limpieza y escribas en ella lo que no te gusta de las personas que te rodean y lo empieces a trabajar desde ti, sí, desde ti. Eso que no te agrada del que tienes frente a ti te hará mejor persona, te engrandecerá porque lo que te está mostrando es en qué estás fallando tú.

Por ejemplo, si lo que no te agrada del que tienes frente a ti es que le gusta estar juzgando a otros sin mirarse a sí mismo, piensa que tú estás juzgando primero, o sea, que tienes que trabajar el dejar ser a los demás sin tus juicios de lo que es bueno o es malo según tus criterios. Recuerda que todo es según el color del cristal con el que se mire, esa es tu realidad, no la del otro.

En la medida que tú dejes de juzgar a otros, los que suelen juzgar se irán apartando de tu vida o dejarán de hacerlo cuando tú estés a su lado porque ya tú no entrarás en su juego de seguir el comentario. Has podido ver cómo van las cosas, analízalo muy bien, esto es de los actos de humildad más grandes que existen.

"SI ERES HUMILDE NADA TE TOCARÁ, NI LA ALABANZA NI LA DESGRACIA, PORQUE SABES LO QUE ERES".

Teresa de Calcuta

¿Y qué pasa con las ideas de salir de esta vida? Una vez más la fe me salvó, creer en ese Dios amoroso que como un padre sufre y padece por mi logro me hizo pensar que él ese acto lo reprobaría e hizo que, en medio de mi inconsciencia, cortara algo que amaba de mí como si de un castigo se tratara, así que las tijeras que pensaba utilizar en contra de mí las utilicé en contra de mi cabello y recibí de ello una gran lección y vi en algo sutil la respuesta de Dios fortaleciéndome.

Las personas a las cuales pensé que estorbaba me mostraron todo su amor y comprensión y allí sentí el amor de Dios. Él no juzga ni reprueba porque nos conoce mejor que cualquiera, y vio que lo que tenía dentro de mí era un gran desespero, pero que a pesar de todo le ponía a Él en primer lugar, a sus deseos por encima de los míos.

Así que me rodearon personas que me ayudaron, dándome un *look* que siempre había deseado, el verme al cero, y la verdad es que quedé muy guapa. Y es que muchas veces dejamos de hacer cosas que deseamos muchísimo, pero que por el qué dirán los demás dejamos de hacerlas, coartando nuestra vida, pero lo más hermoso no fue el *estilazo* que conseguí, lo bonito fue que mi hija llamó a sus mejores amigas sin avergonzarse de lo que llegaran a pensar para que me ayudaran a arreglar mi locura.

La segunda muestra de amor que recibí fue aún más grande y me mostró lo amada que era, ya que mi esposo, mi cómplice y amigo salió del salón de casa donde estábamos y cuando yo pensaba: "Ya verás que está tan enfadado que no quiere estar en el mismo espacio conmigo"; llega él y me da la muestra de amor más grande y generosa. Entró totalmente con su cabeza rapada y con una sonrisa enorme me dijo: "Así nadie te preguntara por qué lo hiciste, solo verán que lo hemos hecho por *look* gemelar, ja, ja, ja". Sin palabras.

Aquí se inicia un camino de querer y de no poder, ya te lo explico. En este momento es cuando pienso que deseo vivir de otra manera, que mi vida tiene sentido y que Dios me ama muchísimo, ya que había puesto a mi alrededor, más que personas, ángeles de los cuales aprender.

Querido lector, te digo que igual pasa contigo, que por encima de lo difícil que sea tu vida ahora estás en ella acompañado por la fuente más grande de amor que existe en el universo entero, que no estás solo y que, a pesar de que muchas veces por estar distraído no te has dado cuenta, las señales de que Dios te apoya han estado siempre a tu alrededor y tú no las has visto.

Él pinta cada día un gran lienzo en el cielo para ti, él te canta hermosas melodías en el canto de las aves, él provee tu alimento, vestido y muchas cosas más, y paro aquí porque, si no, no pararía.

Amigo lector, si no eres creyente de verdad que lo entiendo, pero algo que sí sé es que has dado por sentadas muchas cosas en tu vida y que en tu existir han sucedido cosas a las que no les dabas explicación, pero que las has tomado solo como suerte. Te digo de nuevo que las cosas no suceden por casualidad y que son regalos para ti.

Es verdad que a veces necesitamos ese punto de quiebre en nuestras vidas para darnos cuenta de qué queremos en realidad y de las cosas que muy seguramente nos estamos perdiendo. Además, cada acto que realizamos en nuestra vida tiene consecuencias, unas buenas y otras no tanto, y cuando pensamos en nosotros mismos sin tener en cuenta a quienes tenemos a nuestro alrededor causamos dolor y sufrimiento.

En el momento que yo pensaba que era un estorbo, jamás me paré a imaginar la vida sin mí para quienes me amaban de verdad y el dolor tan inmenso que les ocasionaría. Me decía que el dolor pasa y que ellos continuarían con su vida, pero, ¿con qué recuerdos y con qué pesos?

Así que tomando responsabilidad sobre mí y apoyada de mi compañero de vida, empieza esa limpieza mental y física. Busqué estar más lúcida y alimentarme mejor, ayudándome con un sinnúmero de terapias de profesionales que en algunos casos eran los correctos y en otros no.

¿Y qué hacer con los diagnósticos recibidos, esos que son como estigmas en tu vida y que te condicionan a vivir de una y otra manera? Lo primero que metí en mi mente es que debía asumirlo y que eso era yo, una persona depresiva, ansiosa y con fibromialgia, además de acompañarme una serie de cirugías porque mi cuerpo estaba en un estado algo delicado. Tuve que pasar por cuatro cirugías de vejiga y una de hombro por ligamentos, sin contar que a los veintiocho años me tuvieron que sacar las amígdalas.

En el transcurso de esta lectura verás cómo cada una de estas cosas tiene una base vivencial y, por lo tanto, mental, pero que identificarlas te ayudará a curar tu presente. Piensa en tu estado mental y físico ahora con sinceridad total y apúntalos en tu libreta de limpieza, nos serán útiles al llegar a nuestro momento de ejercicios activos de cambio.

La verdad es que vivir de esta manera se hacía cada vez más duro; la autocompasión en ese momento empezó a invadirme, la idea de vivir una vida de dolor o una cárcel de dolor como lo sentía en su momento me quitaba fuerza y hacía que mi energía vital disminuyera.

Entonces recordaba esas palabras que se dicen en la Biblia en Proverbios 24:10: "Has estado desanimado en el tiempo de la angustia, tu poder será escaso". Y así era, se te bajan las energías y empieza a aparecer algo nuevo llamado fatiga crónica, así que vamos haciendo una cadena dolorosa de sucesos.

Además, como me habían dicho que yo era el catálogo abierto de la fibromialgia, que de dieciocho puntos gatillo, los tenía todos activados, me sumí en la depresión y mi falta de energía me llevaba a querer estar en cama durmiendo y desconectarme del sentir, cosa que no iba a ayudarme a sobrellevar mi vida de la mejor manera, sino que empeoraba las cosas.

Con la poca energía que me acompañaba, tomé la decisión de apuntarme al gimnasio, donde mejoraría mi autoestima y muy seguramente la energía aumentaría, pero no fue así. Las energías de mi cuerpo empezaron a disminuir cada vez más y se iniciaron temblores por todo mi cuerpo que no podía controlar. Poco a poco mi cuerpo se empezó a parar y las piernas ya no me pudieron sostener, teniendo que acudir a una amable amiga que me transportaba y que hacía que me doliera aún más mi alma.

Sí, llegó a mi vida la silla de ruedas, pero, aunque ya no podía realizar muchas de las cosas que amaba, como bailar, caminar o subir montañas, la verdad es que hasta cierto punto me hacía feliz estar así y te contaré por qué.

Cuando tienes una enfermedad que solo tú sientes y que nadie puede ver ni entender, y por la cual muchos hasta te cuestionan, te llegan a tildar de hipocondriaco y te hacen sentir, porque tú lo permites, mentiroso (aunque los médicos me dijeran siempre que la hipocondría no se aplicaba en mi caso porque las pruebas que me hacían siempre arrojaban una verdad física y palpable), el que estés en esta situación te da la tranquilidad de que al fin tengas una cosa que sea visual y entendible a los ojos de todos.

También he de decir que lo normal es que quienes te llegan a juzgar así sean personas que realmente no te conocen.

Allí reaparece el egocentrismo de no importarte los que realmente te aman, sino que prima el deseo de callar la voz de quienes te critican, así les causes aún un dolor más grande a los tuyos y caigas una y otra vez en el grave error de estarle demostrando siempre a los demás y que no vivas para ti y para los tuyos, sino para el qué dirán.

Después de someterme a una infinidad de pruebas que descartaron enfermedades tan duras como son la esclerosis múltiple o el ELA, para quienes aprovecho y pido apoyo absoluto y más información sobre estas enfermedades aún incurables, se inicia mi más ardua súplica a Dios por mi curación y el deseo intenso de volver a mi vida, de dejar a mi nueva gran amiga que me ayudó a despertar, la silla de ruedas, y con más conciencia en mí se inicia otra etapa de mi vida, la de la madurez.

RESUMEN, REFLEXIÓN Y EJERCICIOS

- El ser humano está dotado de una gran capacidad de caer y levantarse, así que es de sabios aprender de cada tropiezo, pero te hace aún más sabio ver que otros tropiezan y saber esquivar las mismas pruebas cuando se presenten en tu vida.

- Tus creencias preconcebidas y recibidas de quienes te formaron, llámense abuelos, padres, tíos, etc., pueden ser, más que una bendición, un tropiezo, sobre todo cuando no construyen. Por esto te pido que tomes tu libreta de limpieza y escribas esas creencias que no te están ayudando a avanzar. Te doy un ejemplo: una de ellas es la que me repetía después de mi divorcio, que los padrastros jamás llegarán a ser buenos padres, y cambiarlo por una verdad muy positiva, como es que una de las personas más influyentes de nuestra vida, como fue Jesús, fue criado por su padrastro, José, y si esto no fuese malo para su vida jamás nuestro padre, Jehová, le hubiese permitido crecer en un hogar así.

- Tus propios juicios pueden llegar a ser más duros e implacables que los que recibes o das a otros, así que te invito a hacer un ejercicio por quince días, sé valiente y hazlo. Toma una bandita de caucho, de estas muy delgaditas, y póntela como pulsera. Cada vez que tengas un nuevo juicio contra ti mismo o te digas palabras necias como "qué tonto soy", "qué feo he amanecido", etc., levanta la goma y suéltala. Esto te hará consciente del daño que te estás haciendo a ti mismo, que es más grande aún y significativo del que puede causarte la goma.

- Antes de iniciar una nueva vida en pareja debes estar seguro de haber trabajado muy bien el duelo de la anterior ruptura. Para esto te pido gran sinceridad. Escribe una vez más en tu libreta todo lo que entregaste bueno en esa relación; con esto busco que te hagas consciente de tus fortalezas como pareja.

Te pido que dejes atrás la falsa modestia y la creencia limitante de que solo los demás pueden exaltar tus virtudes, ya que esto no te ayudará en nada. Así que espero que esta lista sea bastante larga, y una vez la termines, reléela.

Luego haz una lista en vertical colocando en ella cada cosa que reconozcas que no hiciste bien. Recuerda que este ejercicio es solo para ti y nadie más lo leerá, así que sé sincero, recuerda que nosotros podríamos engañar al mundo entero, pero jamás nos podemos engañar a nosotros mismos.

Una vez elaborada esta lista colócala frente a lo escrito o en una página, que pondrás paralela a la escrita, y lo unes con cinta adhesiva para tenerlas unidas. Esta vez vas a poner la manera correcta de actuar en estas situaciones.

Para este ejercicio te puedes apoyar en personas cuya relación de pareja sean ejemplares para ti. Pregúntate cómo actuaría esta persona en ese caso en concreto y por qué lo haría así.

De todas maneras, estoy casi segura de que si has identificado una mala respuesta de tu parte ante esta situación también sabrás la manera correcta de hacerlo bien.

Ahora apúntala en tu lista para que cuando la releas te quede aún más claro cómo has de actuar en tu nueva vida de pareja ante situaciones similares, todo y que tu deseo sea volver a vivir acompañada.

- Hazte un buen diario de vida para que llegues a ser consciente de lo que has vivido en tu día a día de manera inconsciente. Seguramente jamás te han pedido que escribieras tanto, pero recuerda que estamos trabajando en el mejoramiento de tu vida, estamos haciendo que paso a paso tu vida tenga un mejor sentido y que crezcas en todos los sentidos, este es el mejor trabajo que realizarás en tu vida.

Para lograr hacer este diario has de salir de tu zona de confort, donde te tiene tu mente, que te repetirá una y otra vez que no debes hacerlo. Recuerda que ella te quiere en tu comodidad y confort, pero no la escuches y hazlo, será para tu beneficio personal.

Una vez hayas escrito tu día hazte estas preguntas:

- ¿Qué he hecho en este día?

- ¿Qué has dejado de hacer?

- ¿Qué triunfos has tenido en este día? Son muy importantes, por pequeños que sean son triunfos.

- ¿Qué errores has cometido y qué debes aprender de ellos para no cometerlos más?

- ¿Qué buenas obras has realizado? Permítete sentir por ti gratitud y la felicidad del que da a otro cosas buenas. No menosprecies los regalos que entregas a otros, son muy valiosos.

• Recuerda que para iniciar una buena relación de pareja cuentas con lo aprendido en la anterior. Ahora sabes lo que quieres y lo que no quieres en tu vida actual, así que usa la razón y sé astuto para que tu mente y tus sentimientos no logren engañarte.

Ahora, si le reconoces como la persona indicada, apuesta por ello contra viento y marea, no te engañes, solo te harías daño a ti mismo. Aprende que en tu nueva vida eres 100 % responsable de tus actos, no eres víctima, eres el creador de tu realidad y de lo que tienes aquí y ahora.

- Debes tener la certeza de que si tú estás bien los que están a tu alrededor lo estarán también, para esto has de ser algo egoísta y confiar en ti y en tu criterio.

- Si hay hijos de por medio las alarmas se suelen encender aún más fuerte, por lo que debes ser sagaz e inteligente. Ya hemos tirado por tierra la creencia limitante de que todos los padrastros o madrastras son malos, te puedo decir que mi hija ganó un gran padre, ella siempre me dice: "Gracias por escoger el mejor padre para mi vida".

Esto no será un jardín de rosas, pero les has de permitir conocerse, hablo de tus hijos y tu pareja. Permítele a tu pareja ocupar el lugar que le corresponde en tu vida y en la de tus hijos; sentaos y dejad claro los puntos esenciales, ni sobreprotejas ni te desatiendas demasiado, recuerda que todo requiere de un equilibrio.

Ten en cuenta que tus hijos necesitan y merecen tener las dos figuras, tanto la materna como la paterna, para su óptimo desarrollo mental. Permítele a tu pareja actuar según la figura que le corresponde pidiéndole, sobre todo, respeto, amor y entrega hacia tus hijos y viceversa, y como en toda familia los puntos discordantes que tengáis debéis de tratarlos en vuestra intimidad, evitando a toda costa la desautorización del otro ante los hijos.

- Mantén al margen los fantasmas del pasado, ellos no forman parte ya de tu presente, por lo que se han de dejar atrás.

Si has de tratar asuntos importantes sé claro y conciso al hablar de ellos y no te permitas ni les permitas tocar sentimientos anteriores o reproches que ya no vienen al caso.

Entierra ya el ayer y vive el aquí y el ahora, pon siempre en práctica estas palabras de Jesús: **"Haz a otros lo que quieres que te hagan a ti"**.

- Ten siempre muy en cuenta hacia dónde quieres ir y a quién quieres tener, planifica vuestra vida y trabaja duro en ello. Si deseas nuevos integrantes en la familia o no, es importante hablarlo y ser razonables al hacerlo, mirar los pros y los contras. Si es que sí, genial, si es que no queréis aumentar la familia, es igualmente excelente, solo han de contar vuestros deseos, aquí no caben las opiniones ajenas, piensa que muchos querrán opinar.

- En la crianza de tus hijos ten en cuenta que como padres y madres tenemos la responsabilidad de hacer que nuestros hijos "normales" lleguen a portarse y ser personas minusválidas y que personas con dificultades lleguen a ser superdotadas, esto lo veremos en la segunda entrega de nuestra trilogía.

- Muchas veces pasas por situaciones adversas en tu vida difíciles de superar y es lícito sentirse mal, mas lo que no debes permitir es adelantarte a los acontecimientos, en la mayoría de casos es sufrir en vano.

- Cada situación en esta vida te está enseñando, puliendo y te fortalece en tus zonas más vulnerables, te enseña y te entrega perlas que debes usar en dificultades verdaderas.

- Las cosas que vives están sucediendo y siendo vividas desde tu prisma, esa es tu realidad, esto no quiere decir que sea la realidad para todos. Como puedes darte cuenta, muchas cosas que tú vives de X manera, la persona que las está pasando contigo se las toma de otra muy distinta, y surge la pregunta: "¿Por qué este o esta reacciona así si yo me estoy enloqueciendo?". Deja la tendencia a *terribilizar*.

- El culpabilizarse y flagelarse de poco sirve, se pierde tiempo y energía mientras podrías estar trabajando en la verdadera solución; además, añades cargas innecesarias en tu vida que llegan a romper tu cuerpo y tu mente.

- Aprende a relegar y a soltar. Una familia es una sociedad donde todos podemos y debemos dar nuestro granito de arena para hacer más llevadero nuestro trabajo. Seamos buenos líderes.

- La naturaleza nos enseña que todo es un equilibrio y que así es la única manera de que todo funcione en la armonía. Los extremos distorsionan y causan caos.

- No te endioses pensando que lo sabes y lo puedes todo, la fe es indispensable en tu vida, sea cual sea tu creencia. Sabemos que no estamos solos, aprendamos a confiar a soltar, permitamos a Dios ayudarnos, Él es el único que sabe qué es lo correcto y perfecto en nuestra vida y siempre está dispuesto a ayudarnos.

Jesús nos prometió en Mateo 24:14 que estaría con nosotros hasta la conclusión de este sistema de cosas, TEN FE Y CONFÍA. Si ponemos a Jehová y sus leyes en primer lugar él estará a tu lado siempre y tú lo verás.

- No pienses por los demás, observa más y date cuenta por sus actos de los verdaderos sentimientos que tienen por ti. Te puedes llegar a asombrar de lo que vales para tus verdaderos compañeros de vida.

- Con todas las enfermedades que hayas apuntado en tu libreta de limpieza, busca dentro de ti qué te dice tu voz interior sobre su verdadera raíz, busca dentro de ti la verdad. Ejemplo: la situación con mis amígdalas empeoró a tal punto que los médicos se plantearon extirparlas, todo y que era una dolencia que llevaba conmigo desde los tres años de vida, pero en el momento de más frustración de mi vida, cuando llegaron los verdaderos abusos, cuando mi amor propio estaba por los suelos y mi vida de pareja ya no era vida, la amigdalitis se hizo aún más reiterativa, con episodios cada quince días, por lo que los médicos terminaron por tomar la decisión de sacarlas.

No obstante, antes me enviaron con el psicólogo porque se dieron cuenta de que si no trabajaban primero mi mente de nada serviría. Me dijeron: "Si no trabajas primero en la causa de la enfermedad esto se manifestará en otro lugar, como puede ser la faringe, y esta no podemos sacarla". La faringe no me llegó a molestar porque desperté de mi letargo con una pregunta del psicólogo cuando me dijo: "**¿Tú vives tu vida o la viven por ti?**".

Allí inicié un cambio bastante considerable en mí, hice una limpieza verdadera de mi entorno y tomé y asumí todas mis decisiones. Por ello se me hace importantísimo que tú hagas este ejercicio desde la conciencia y la sinceridad.

A veces enfermamos como una forma de reclamar atención, otras por frustración y hasta por demasiada responsabilidad, así que empieza a averiguar cuál es tu caso.

- "Cuando te desanimas en los momentos difíciles, te faltarán las fuerzas". Proverbios 24:10.

- Es un grave error tratar de demostrarle a los demás. Has de vivir para ti y acompañada de quienes amas, los demás podrán pensar lo que deseen, solo tú y Dios saben tu verdad.

RECUERDA:

"A VECES TENEMOS QUE TOCAR FONDO ANTES DE QUE SEPAMOS CÓMO DISFRUTAR REALMENTE DE LA VIDA".

Michael Palmer

"SÉ TÚ MISMO DESDE EL CORAZÓN, QUE AL MIRARTE AL ESPEJO EL REFLEJO SEA EL QUE ESTÁS ENSEÑANDO A LOS DEMÁS; LAS CARETAS TARDE O TEMPRANO CAERÁN".

Adriana Silva Quintero

"EL MEJOR DÍA DE TU VIDA Y EL MÍO ES CUANDO ASUMIMOS LA RESPONSABILIDAD TOTAL DE NUESTRAS ACTITUDES. ESE ES EL DÍA QUE REALMENTE CRECEMOS".

John C. Maxwell

5.

LOS HILOS PLATEADOS

La Madurez

“Te miras y no te agrada lo que ves, entonces es el momento de reinventarte, hacer y convertirte en lo mejor de tu ser.”

Adriana Silva Quintero

Esta etapa de nuestra vida, comprendida entre los treinta y seis y los cincuenta años, es donde empezamos a encontrar más estabilidad en muchos sentidos. Por lo regular, la formación y los proyectos están dando sus frutos todo y que muchos al finalizar esta etapa inician su vida más próspera en lo que a la economía se refiere.

Este periodo de nuestra vida se nos antoja tranquilo y sereno, ya que vivimos con la experiencia, pero hemos de recordar que mientras tengamos vida estaremos aprendiendo y que es un constante desaprender para volver a aprender cuando creemos que todo lo hemos vivido y que todo lo sabemos, y ello requiere de nosotros una gran humildad y sinceridad. Ten siempre en cuenta que **un día en el que no aprendas algo nuevo, por insignificante que parezca, es un día perdido.**

Así que en este proceso lo nuevo que llega a nuestra vida nos saca de nuestro estado de sopor y nos hace trabajar en el recobro de la fuerza y el coraje que dejamos descansar cuando todo va bien.

La etapa de los treinta y seis a los cincuenta está llena de sorpresas e imprevistos, somos aún jóvenes en nuestra mente, mas nuestro cuerpo nos va jugando malas pasadas. Tu cuerpo empieza a hablarte cada vez más fuerte y más claro, él sabe que lo que necesita son cuidados y atenciones especiales, y quienes le escuchan actúan como la mujer de la cual te hablaré a continuación.

Se trata de Ernestine Shepherd, una mujer que, a sus cincuenta y seis años, siendo secretaria de un colegio, decidió que como su salud estaba resquebrajándose haría algo, salió de su zona de confort y realizó su planificación para mejorar. Empezó a correr cada día 16 km con su esposo y a realizar una rutina de ejercicios. Hoy por hoy, a sus ochenta y tres años, la hacen ser conocida como la fisicoculturista más longeva y aún en activo del mundo, recibiendo el Récord Guinness Mundial en el 2001.

¿Qué crees que fue aquello que llevó a esta mujer a lograr tanto? Muy seguramente no fueron sus limitaciones mentales, fue su tesón, fue su decisión de darle su mejor cara a la vida y apostar por ella misma, y donde otros veían limitaciones ella vio esfuerzo y lucha. Así que esta es la decisión que hoy debes tomar, ya no te des más plazos, el universo espera que saques la mejor versión de ti.

Dios te dotó con una serie de virtudes que solo tú conoces, sácalas al aire, exhíbelas y aprovéchalas para ti y para los demás, es tu deber, porque si te lo han dado no es solo para tu propio beneficio. Recuerda que somos un todo, y tal como lo dibujó Jesús mostrándonos cómo los miembros de un cuerpo tienen cada uno su función para que el todo funcione bien y a plenitud, así somos nosotros en este planeta. Por esto hoy yo escribo para ti, para tu beneficio, para que, igual que yo, **abras los ojos y comiences a vivir una vida con sentido donde tú seas el héroe y rías al final con tu sonrisa triunfadora.**

En este periodo de mi vida se han presentado los más altos desafíos, pero tal vez y muy seguramente los más enriquecedores. Jamás he tenido que trabajar tanto en mis limitaciones físicas y mentales y en mi despertar.

Si recuerdas, te decía que a esta edad muchos han emprendido una vida de prosperidad en todos los sentidos y esto lo han logrado porque lo vivido muy seguramente les ha hecho decir "basta" y han roto con una vida de mediocridad y conformismo. Esto es lo que te ha de impulsar a ti también a salir de la vida que te está tocando vivir y empezar a vivir la que realmente quieres.

Lo primero que has de hacer es identificar cuáles son los verdaderos deseos de tu corazón, qué es aquello que en la vida harías sin que te pagaran y te haría la persona más feliz del planeta. Una vez identificado este propósito, planifica la manera de llevarlo a cabo.

Aquí llega ese momento de sacar tu capacidad innata de soñar, sí, nacimos con ella, pero, como te dije, en nuestra primera etapa de la vida nos la amputaron, nos dijeron que soñar no servía para nada. Yo te digo que no, que has de soñar en grande, que un día yo soñé que tú estarías leyendo mi libro y que él te inspiraría para tener la vida que tú deseabas, y aquí está mi sueño cumplido.

Ahora empieza la realización de tus sueños, que nadie te limite diciéndote que ya no tienes la edad, recuerda a Ernestine Shepherd. Aunque muchos se rían, tú solo necesitas que una persona crea en ti para lograrlo, y ese eres tú mismo.

Tu mente cortoplacista y cómoda te dirá infinidad de veces que para qué te quieres complicar la vida, que ya estás bien como estás, etc., pero cállala de inmediato porque ella solo te quiere cuidar y evitar que gastes las energías. Porque eso que ella quiere es lo único que conoce, ella no sabe que cuando tú te sientas realmente realizado es cuando serás inmensamente feliz y próspero.

Quiero que tengas en cuenta que todo éxito requiere de ti un gran esfuerzo, que nada se te dará solo visualizándote ya triunfador, que hay ejercicios que te sirven para cambiar tus malos hábitos, pero que lo que realmente te ayuda a alcanzar tus metas es el esfuerzo, tu insistencia y trabajo, el hacer de tu gusto y tu meta aquello por lo cual llegues a estar entregado de verdad, sin ponerte excusas ni plazos. Recuerda que el que aplaza nunca lo hace y el que se excusa se está justificando para no hacer las cosas que debe hacer. Piensa que es algo que te debes a ti misma y al mundo que te rodea.

Se te entregó un talento y lo has de trabajar y hacer que se multiplique en pro tuyo y de los que te rodean. ¿Que te gusta cantar? Vamos, yo estoy esperando nuevas voces que, aunque me digan lo mismo que otros ya han dicho, me lo digan con tonos de voz y sentimiento.

¿Que te gusta escribir? Seguramente tendrás muchas cosas que decir que ayudarán a millones de personas como en mi caso. ¿Que eres un líder nato? Saca ese liderazgo y ponlo al provecho de muchos. ¿Que tienes un talento innato para la costura? Saca tus locos atuendos y viste al mundo con tu talento, pero hazlo ya, la vida es aquí y ahora.

¿Por qué crees que al inicio de este capítulo te digo que muchas personas que están en esta etapa han logrado triunfar haciendo lo que más les gusta? Es porque se han dado cuenta de que, a pesar de haberse entregado en cuerpo y alma en muchas cosas, no se les ha dado lo que esperaban, y que si no ponían todo de sí no lograrían nada, y hoy te están diciendo que, solo apostando por ti, por lo que realmente deseas y encaminándose a hacerlos, es cuando do realmente han encontrado el triunfo.

Te aseguro que estas personas jamás dejarán de apostar más por ellas y no abandonarán su camino, que, aunque ha sido de esfuerzo, dormir poco y trabajar mucho, hoy les permite vivir en la tranquilidad de quien ha hecho las cosas bien y del que ha trabajado con verdadera entrega para llevar su vida al punto donde tú mismo quieres verla.

¿Verdad que si tu deseo y necesidad inminente es que tu físico y tu salud sean las mejores hoy, no te serviría que otros hicieran ejercicios y una buena dieta por ti? Lo mismo exactamente pasa con tu prosperidad en todos los sentidos, no puedes pretender que los demás lo logren por ti, esto depende única y exclusivamente de ti y solo de ti.

Nadie podría escribir estas palabras que te estoy diciendo hoy más que yo. Si mi decisión no hubiese sido sentarme cada día a hablarte y pensar en cada cosa que quería decirte, nadie hubiese tocado a mi puerta a decirme: "Por favor, escribe, cuenta aquello que pueda beneficiar a otros".

Yo tengo un compromiso moral con el talento que Dios me entregó y lo he de usar para lo que él quiere que lo use. Tengo un compromiso con mi ser que desea y quiere transmitirle esta información y no lo puedo callar ni ocultar.

Así que actúa, te lo digo una y otra vez como tú mismo te lo has de decir. Eres el artífice de tu felicidad, Dios está contigo para darte la energía necesaria para que lo logres, pero el milagro lo haces tú con tu esfuerzo y ganas. Así que a trabajar fuerte para ser esa persona que viniste a ser, esa persona que escriba su propio triunfo y que logre ser feliz con sus resultados.

Antes de entender todas estas cosas que te digo ahora, mi vida era muy distinta porque vivía justificando mis derrotas de una y otra manera. Tenía mi vida sumida en una resignación absoluta y me creí todo aquello que otros me decían, ¿y sabes por qué lo hacía?, porque era la manera de estar en reposo y no gastar energía para nada. Pero realmente estaba matándome poco a poco, estaba siendo quien menos quería ser.

Piensa en este momento qué es la cosa que menos te gusta ver en los demás y luego analiza tu vida actual. Yo siempre pensé que la gente mediocre y perezosa era algo que detestaba, y cuando menos me lo esperaba estaba sumida en una vida de dolor, cama, sacando el mínimo esfuerzo de mí, en pocas palabras, siendo esa persona, y no era consciente de que lo que veía en otros era el propio reflejo de lo que en realidad yo era.

¿Y sabes por qué lo hacía? Porque en mi vida encontré una persona que me amaba de verdad y me apoyaba en todo, me sentía acompañada, respaldada y protegida, y en lugar de aprovechar todo esto para crecer a su lado lo desaproveché haciéndome una persona recostada y dependiente, y mi cuerpo empezó a dormirse, empezó a apagarse.

¿Sabes cuando dicen que la naturaleza es sabia? Pues sí que lo es. Cuando dejas de sacarle su mayor provecho a todo lo que tú tienes en tu vida y se te ha dado por tu creador, se empiezan a apagar los interruptores y la energía deja de fluir porque tú no la estás utilizando. Y fue así como mi cuerpo empezó a apagarse poco a poco.

Primero, mis intestinos empezaron a trabajar a media marcha y me llegó aquello que los médicos llaman digestión lenta. Luego, los tendones se fueron haciendo rígidos y las calcificaciones se fueron presentando en diferentes zonas de mi cuerpo, por ello una de las cirugías de hombro.

Por otro lado, la zona de mi vejiga se llegó a envejecer a un ritmo asombroso y, cuando me hicieron una primera cirugía, los tejidos se rompieron y lo que solo era poner una malla para sostener y subir la vejiga se convirtió en casi una reconstrucción de mi suelo pélvico y mallas para sostener sus paredes. Para esto tuve que someterme a cuatro cirugías, y por si fuera poco apareció la fibromialgia, esa cárcel de dolor de la que te hablaba antes, y es algo real, te duelen hasta las uñas. Incluso para dormir es una dificultad encontrar tu mejor posición y todo lo que en algún momento hacías con un mínimo esfuerzo hoy te cuesta el doble.

Pero es que aquí no para el deterioro, con la fibromialgia se limita aún más mi actividad física y con justificación, porque me hinchaba y no podía ni dormir. La guinda del pastel llega de la mano de la imposibilidad de caminar tres pasos seguidos, mi cuerpo empezaba a temblar y no podía literalmente dar ni un paso.

A todas estas, mi mente solo me repetía la palabra **"POBRECITA"** y me mimaba de una manera asombrosa. Mi ego empezó a apoderarse de mí y sentía que todos debían estar pendientes de mí y a mi servicio, que si yo estaba así era porque, pobrecita de mí, había sufrido tanto que ahora me merecía enfermar hasta tal punto para que el mundo en general girase a mi alrededor.

Y es verdad que no era hipocondríaca, que todo aquello que me pasaba era real, pero también es cierto que yo no estaba haciendo nada para mejorar y que cuando alguien se atrevía a decirme que había alternativas para salir de esto mi respuesta era: **"Ya estoy cansada de luchar con una y otra cosa y encontrarme cada vez peor"**.

Y era verdad, pero lo que pasaba era que yo estaba realmente permitiendo que todo esto pasara en mi vida. Era muy cómodo que las personas que estaban a mi alrededor lo hicieran todo por mí y que yo solo me esforzase para lo mínimo.

Es verdad que había pasado mucho, es verdad que no me encontraba bien, pero también es verdad que mi mente me estaba limitando para salir de allí, porque bien que las cosas que más me gustaban y que no requieren tanto esfuerzo las continuaba haciendo con gusto, como era el comer con impulsividad, el dormir cada vez más y el sumergirme en la caja boba, donde yo misma permitía que limitaran mi pensamiento. Yo solo me tenía que sentar frente a ella y dejarme llevar a los mundos que ella hubiese preparado para mí. No tenía que hacer nada, viajaba a lugares que ella escogía, comía por los ojos y se llega al punto de que no tienes ni que pensar porque allí también analizan la vida por ti y te dicen qué pensar, en quién creer y qué creer.

Llegué al punto de que, cuando mi esposo me pedía que viera cosas más significativas que me enriquecieran o que tal vez volviese a leer, mi respuesta inmediata era: **"Déjame que no quiero tener que pensar, solo quiero desconectar";** y realmente que esto se estaba cumpliendo. Obviamente que esa caja boba es la televisión.

¿Te suena un poco todo lo que te estoy contando? ¿Te identificas o identificas a alguien con estas situaciones? Si esto es así te pido que leas este libro con detenimiento una y dos veces y que trabajes en cada cosa que aquí encuentres para salir de una vida así, tal como lo he hecho yo, porque, aunque creas que es cómoda, es realmente un sinvivir. Y si a quien identificas es a alguna persona que conoces, no dejes de recomendarle que lea estas palabras, que tenga su propio ejemplar de este libro, que lo subraye y lo devore para su beneficio.

Si me estoy abriendo de esta manera a ti es para que no cometas los mismos errores que yo he cometido, para que seas **SABIO.**

"EL SABIO TIENE LOS OJOS ABIERTOS, PERO EL INSENSATO ANDA EN OSCURIDAD",

Eclesiastés 2:14, La Biblia.

No cierres los ojos a estas realidades, no permitas que tu mente te diga que esto no te aplica a ti, sé sincero contigo mismo y permite que la oscuridad se difumine cada vez más y dé paso a la luz que Dios te envía.

Él usa miles de maneras para comunicarse contigo y decirte que te ama, que ve tu sufrimiento y que te quiere ayudar. Él dejó el mejor manual de vida que existe, la Biblia, y que si lo pones en práctica lograrás todo lo que te propongas en la vida. Él permite que personas como yo escribamos estas palabras para que, de una u otro manera, su mensaje llegue a ti.

La verdad era que lo estaba pasando muy mal, pero más mal lo pasaban quienes me aman porque veían cómo se iba apagando una de las personas más importantes de su vida y cómo ellos no podían hacer nada para detenerlo. Si continuaban su vida como si nada, se cuestionaban el que yo no les pudiera seguir, y es que sencillamente ellos estaban conmigo, solo que yo solo pensaba en ese momento en mí.

Sé que es duro lo que te digo y que puede no gustarte nada, pero solo estoy siendo clara y sincera, y si te está incomodando lo que te digo es porque te estás mirando en el espejo y él te está diciendo lo que tú no quieres escuchar.

Mi querido lector, el camino del cambio no es nada fácil. Cuando Jesús decía que el camino que conduce a la verdad es angosto y estrecho es así, ya que la transformación de nuestros malos hábitos, pensamientos y sentimientos requiere esfuerzo y no se realiza de la noche a la mañana.

> **"LA HONESTIDAD ES EL PRIMER CAPÍTULO EN EL LIBRO DE LA SABIDURÍA".**
>
> *Thomas Jefferson*

Siempre me lo repito:

> **"PODRÁS MENTIRLE A TODO EL MUNDO, PERO DENTRO DE TI LA VERDAD BRILLARÁ, Y ESA SERÁ IMPLACABLE CONTIGO".**
>
> *Adriana Silva Quintero*

RESUMEN, REFLEXIONES Y EJERCICIOS

- Esta etapa de nuestra vida comprende de los treinta y seis a los cincuenta años y es una de las etapas más estables en todos los sentidos, aunque en ella no dejamos de aprender.

- El que crea que ya lo sabe todo porque tiene todos los años del mundo y la gran experiencia de haberlos vivido se equivoca por completo, un día en el que no aprendamos es un día perdido.

- Escuchemos a nuestro cuerpo, él nos habla e indica lo que necesitamos para mejorar el hoy y enriquecer el mañana.

- Nunca es tarde para tomar conciencia y mejorar en todos los sentidos, un buen ejemplo de ello es Ernestine Shepherd, la mujer fisicoculturista más longeva y aún en activo, que a sus ochenta y tres años fue inscrita en el Récord Guinness en 2010. Ella soñó, trabajó y obtuvo.

Sueña en grande y tus sueños se harán realidad, eso sí, con gran trabajo y esfuerzo. Abre los ojos y comienza a vivir una vida con sentido donde tú seas el héroe o la heroína y puedas reír al final de una manera triunfadora.

- ¿Qué sería aquello que harías en esta vida que, aunque no te pagaran por hacerlo, te haría realmente feliz? Tal vez cantar, escribir, bailar, actuar, etc. Solo necesitas que una persona crea en ti y ese eres tú mismo.

- Lograrás todo lo que deseas, con gran esfuerzo de tu parte, insistencia, sin excusas y dejando de aplazar, ¿porque sabes una cosa?, quien aplaza jamás lo hace.

  Estás en tu obligación contigo mismo y depende única y exclusivamente de ti.

- Las justificaciones y la autocompasión poco a poco te llevarán a la decadencia y al estancamiento en todos los sentidos.

- Las cosas que más detestas en la vida te están mostrando tu realidad; muchas veces encuentras personas que sus cualidades te repelen, que llegas a criticar y hasta hacen que te alejes de ellas.

  Te digo que la vida es un espejo, cuando tú ves en otros esas cosas que no te agradan, mírate a ti mismo, él solo te está reflejando aquello que debes trabajar.

- Tu cuerpo es una fábrica perfecta, si la ejercitas y sacas su mejor provecho ella trabaja de manera óptima, pero si por el contrario te haces inactivo, esa maquinaria perfecta empezará a apagar cada interruptor hasta llegar a detener su funcionalidad.

- A veces nos decimos palabras limitantes que para nada nos ayudan en la vida, como pueden ser **"ya estoy cansada de luchar y encontrarme cada vez peor"**, y hasta llegas a creértelo, llegas a pensar que lo has probado todo para mejorar en tu vida y en esa situación que te tiene en ese momento en jaque, cuando la verdad es que lo que has probado lo has hecho de fuera hacia dentro, y allí radica el gran error. El cambio es en sentido contrario, para lograr cualquier mejora en ti has de empezar a trabajarla de dentro hacia fuera, has de recordar que todo cambio empieza por ti.

- Cuida mucho lo que dejas entrar en tu cabeza, si realmente deseas cambiar, si estás comprometido con tu crecimiento, debes alejarte de fuentes nocivas, como puede ser la bien llamada "caja boba". Esta llega a adormecerte, piensa y hasta te lleva a vivir realidades que no te pertenecen y así logra desconectarte de tu verdadero propósito en la vida.

- Todos los cambios que desees realizar requieren de tiempo y dedicación, así que sé paciente y muy trabajador para ir paso a paso logrando tu cambio.

EJERCICIOS

- Escribe en una hoja de papel todas aquellas palabras limitantes que suelen salir de tu boca y hazte consciente del gran daño que te causan. Luego **DESTRÚYELAS, QUEMA ESTE PAPEL** para que este simbolismo las borre de tu chip mental, luego reemplázalas por aquellas que te motiven a la acción. Estas has de escribirlas donde las veas continuamente, una pizarra, una nota en la nevera o en un lugar a donde tu mirada vaya constantemente. **Incorpóralas a ti.**

- ¿Cuáles son todas aquellas cosas que deseas cambiar de ti realmente?

Escribe tres de ellas y después, en cuanto a la primera de esta lista, has de pensar en una cosa que puedas hacer diariamente para cambiarla y empieza a trabajar en ello. Cuando veas que lo has logrado continúa con la siguiente. Al terminar con estas tres tus prioridades habrán cambiado, así que empieza con otras tres, trabájalas y verás grandes cambios en ti **SI LO HACES Y, SOBRE TODO, SI LO HACES CON CONCIENCIA.**

RECUERDA:

"A CADA PASO CREAMOS NUESTRO PROPIO UNI-
VERSO".

Winston Churchill

"LA CALIDAD DE LA VIDA DE UNA PERSONA ES DI-
RECTAMENTE PROPORCIONAL A SU COMPROMI-
SO CON LA EXCELENCIA, INDEPENDIENTE DE SU
CAMPO DE ACTIVIDAD".

Vince Lombardi

"LA PRODUCTIVIDAD NUNCA ES UN ACCIDENTE.
SIEMPRE ES EL RESULTADO DE UN COMPROMISO
CON LA EXCELENCIA, PLANIFICACIÓN INTELIGEN-
TE Y ESFUERZO CONCENTRADO".

Paul J. Meyer

6.

EL DESPERTAR

“No te distraigas, tarde o temprano llegara aquello que te haga ver que estas extraviado, ojala aun haya tiempo de reconducirte”.

Adriana Silva Quintero

Despertar de un sueño profundo muchas veces se torna complicado. La somnolencia viene mientras nosotros vamos repitiendo una y otra vez nuestros pensamientos de comodidad como "serán solo cinco minutos más", y justificaciones como "lo que tengo que hacer, lo haré mejor con un poco más de descanso", y así esos cinco minutos se van tornando hasta en una hora más.

¿Te resultan conocidos estos pensamientos? Son en tu mente pensamientos limitantes y nocivos que no te ayudarán a despertar de tu estado de somnolencia. Pero, de repente, llega un sonido de algo que se cae, de una puerta que se cierra de golpe, y como si de un resorte se tratase salimos de nuestra cama con el ímpetu necesario para realizar lo que debemos.

Así mismo fue mi despertar cuando más mal me encontraba. Cuando más dependiente era llegó una visita a casa (¿casualidad o Causalidad?) que me hizo ver algo que en medio del sueño en el que me encontraba mi mente no me había permitido ver antes.

En un momento de una de mis crisis más fuertes, donde mi cuerpo empezó a convulsionar, tenía a mi lado dos personas, una que me ayudó, me consoló, y la otra a la que le importó más el programa que veía en ese momento y solo asomó su cabeza en la habitación para decir: "**Es que usted no hace lo que debería hacer**".

¿USTED NO HACE LO QUE DEBERÍA HACER? ¿A qué se refería? Yo no lo sé, ni me importa en este momento saberlo, solo se empezó a repetir en mi cabeza la idea de que la **Acción** de salir de esta situación dependía solo de mí, tanto si era descansar más como si era comer mejor, o lo más importante aún, **Pensar** de otra manera. Fue como si en realidad me mirara en dos espejos diferentes, uno que me mostraba que podía seguir mimándome, autocompadeciéndome y continuar empeorando porque esto no generaba ninguna Acción o dejaba de verme como la pobrecita de la historia, tomaba responsabilidad de mi vida y empezaba a actuar para salir de allí.

La verdad es que me encontraba muy mal, sé que mis médicos esperaban un deterioro cada vez mayor, pero también sé que mis pensamientos eran negativos, que mis brazos habían caído y que mi deseo de luchar se difuminaba.

Estaba como una persona que se encuentra fuen un estanque y que primero manotea, se agita, hace todo por no hundirse, pero se resigna y comienza su flaquear hasta que se empieza a hundir y, de repente, se pasa por su cabeza una visión que la vuelve a animar, saca sus últimos alientos de fuerza e inicia de nuevo su bracear, repitiéndose una y otra vez "lo puedo lograr, lo puedo lograr", y al final lo logra.

Así pasó, fue increíble ver cómo una sola palabra me ayudó a recuperar mi vida y traerme a lo que es hoy.

Empecé a **pensar** y repetirme una y otra vez que deseaba salir de esa cama, de esa vida que ya no lo era. Acto seguido **pensaría** en qué me ayudaría a salir de allí, me **visualizaba** en una vida más óptima, que me daría alegría y bienestar a mí y, por consiguiente, le ofrecería una buena compañía a quienes estaban conmigo.

Ellos habían demostrado que querían estar a mi lado a toda costa, jamás pensaron en renunciar cuando yo me hundía y no faltaron los buenos consejos de personas bienintencionadas. En este caso, personas de la rama de la salud que habían venido a casa a transportarme hacia el hospital en ambulancia en algunas de mis convulsiones y que, al ver el panorama de lo vivido, le llegaron a sugerir a mi esposo que me llevara a una residencia interna para que allí recibiera los cuidados y que ellos no tuviesen que vivir el verme de esa manera, a lo que mi amado esposo respondió con un rotundo "No".

Todo y que esto no lo supe hasta mucho tiempo después, cuando yo estaba bastante recuperada, lo que sí tenía claro era el sufrimiento de quienes amaba y me amaban, y por eso era la hora de demostrarles que yo también deseaba estar a su lado y vivir de verdad nuestras vidas unidos.

Allí empezó entonces el verdadero despertar de mi conciencia y el cambio total de mentalidad, es increíble, pero totalmente cierto, es mi historia y es totalmente real. No será un camino corto, pero sí será hermoso.

Lo primero de lo que me he dado cuenta es que, cuando decides cambiar, durante todo tu camino te empezarán a llegar señales que irán marcando esa senda que has de seguir. Para esto has de vibrar más en lo consciente que en lo inconsciente, no te puedes permitir las distracciones, te has de planificar hacia tu objetivo más cercano y así paso a paso hasta llegar a tu meta.

Mi primer objetivo fue dejar la silla, ganar en energía y volver a subir la montaña de mi pueblo, volver a caminar por el bosque, volver a respirar, volver a sentir, vivir de verdad.

Para lograr todo lo que deseaba, lo primero que hice fue dejarme cuidar de verdad, empecé a alimentarme mejor y mi pensamiento lo centré en caminar, era mi objetivo. Empecé a **visualizarme** subiendo la montaña, lo veía como real, sentía la brisa del viento tocándome y, aunque suene a poesía, así lo hacía viviéndolo desde mi mente; era tanta mi obsesión que hasta lo soñaba.

Poco a poco empecé a caminar por mi casa y cada vez iba alargando los trayectos sin llegar a gastar demasiada energía, más pronto de lo que me podía imaginar empecé a caminar más y mejor. Si te das cuenta, todo empezó con un pensamiento que se convirtió en obsesión, y al llevarlo a la acción de la mano de la visualización pronto se hizo realidad. (Agradezco grandemente en este proceso a mis padres, que viajaron del otro lado del Atlántico para ayudarme en este proceso, y a mi familia y amigos, que estuvieron siempre allí).

Cuando tú realmente enseñas tus deseos de cambiar y mejorar con compromiso, Dios va poniendo Ángeles en tu camino que harán lo necesario para que tu deseo y la voluntad de tu Padre Eterno se cumpla.

El primer día que subí la montaña, que era uno de mis objetivos, al poco tiempo de iniciar el ascenso se instaló a mi lado mi más grande enemigo; el miedo llegó a mí y este me llevó a dudar. Entonces me senté, me relajé, tomé un poco de agua y empecé a rememorar la primera vez que subí con mi hija mayor una montaña.

Ella tenía solo cinco años y le iba repitiendo durante todo el camino que esta subida era como la vida misma, que cada vez que iniciara una nueva senda debería visualizar su meta, su punto de llegada, que como las rocas que encontrábamos ella iba a ir encontrando pequeños obstáculos que debía saber esquivar.

A veces flaqueaba y miraba hacia atrás y le decía: "No, nena, la meta está delante, atrás ya quedó lo hecho. Ahora has de fijarte en tu porvenir".

Llegamos a una pared que se presentaba imponente y difícil, pero ella sabía que me tenía a su lado y que yo no la dejaría caer, y así estamos nosotros cuando nos sostenemos en Dios, él jamás nos soltará. Le iba mostrando cómo todo lo iba a lograr con buena observación y sabiendo tomar buenas decisiones, como dónde apoyarse y qué la haría tropezar.

Así fue todo el trayecto, le hacía vivir lo bello de la naturaleza, la hermosura de la creación, le pedía que se permitiera sentir todos los regalos que nos llegaban, como la brisa que nos refrescaba en su momento y los cantos de los pájaros que nos acompañaron en el trayecto, y así hasta que llegamos a la cima. Cuando estuvimos allí descansadas y disfrutando de las hermosa vista de lo que nos rodeamos, le pedí que me describiera cómo se sentía. La emoción que la albergaba era mucha, ya que se sentía una campeona.

Este recuerdo de algo vivido me ayudaba en ese momento difícil, y ahí tenemos otra perla, y es que **lo que muchas veces vives y que guardas como recuerdos será para ti un buen instrumento de ayuda para el resto del camino. No subestimes ningún aprendizaje obtenido, tarde o temprano, no sabes cómo ni cuándo, te servirá.** A mí en este caso me sirvió y mucho, empecé a caminar poco a poco y paso a paso, teniendo como único objetivo mi meta, empecé a repetir una y otra vez en mi mente las palabras: "**Lo vas a lograr, lo vas a lograr**". ¿Cuál crees que fue el resultado de todo esto?

No había otra alternativa ante tanto estímulo, el miedo huyó y muy pronto estaba en esa cima tan anhelada, viviendo todo y más de lo que había visualizado hacía algunos meses. En ese mismo momento me di cuenta de que lo podía lograr todo, que el deseo de mi Padre era verme en la cima y que ya nada me podía parar.

> "NO DUDES, NO TEMAS, MIRA TU META COMO LA ÚNICA OPCIÓN PARA TI, NO HAY NINGUNA OTRA. CUIDA TUS PENSAMIENTOS Y VUÉLVELOS PALABRAS QUE TE CONDUZCAN A TU META".
>
> *Adriana Silva Quintero*

Piensa en el mayor creador y hacedor que existe, el que formó todo lo que vemos a nuestro alrededor, ¿cómo crees que inició su creación? Él primero **PENSÓ** en lo que deseaba crear, luego lo llevó a la **PALABRA** y dijo "**HÁGASE**,", después se puso manos a la obra y **TRABAJÓ** en ello un tiempo prudente y correcto, **ACTUÓ** y, por último, pudo **DESCANSAR Y DISFRUTAR** de su obra.

Nuestro Dios no nos pide nada que él no haga, Él nos enseña claramente los pasos y nosotros solo hemos de seguirle.

Vencido mi primer reto, el de abandonar la silla, continúa mi camino hacia el crecimiento, iba camino a recordar mi esencia, esa que fui y que volvería a ser. Para ello tuve que buscar a mi niña interior, volver a mis inicios, cuando aún soñaba y realizaba mis sueños jugando, esos juegos que me permitieron ser la mejor comerciante, esa inquietud por desbaratar cosas para saber por qué funcionaban así, la azafata de vuelo, y todo esto acompañado de esa maternidad a la que nos impulsan un poco con los regalos de muñequitos, cocinas, ollitas, etc., patrón que me prometí romper en mis hijas y así fue. Ellas obtuvieron en sus juguetes lo que necesitaban realmente para cumplir sus sueños, hacia donde la inclinación de su corazón las llevaba.

Y fue entonces que recordé que desde siempre fui una viajera, porque mi deseo de viajar por el mundo me venía desde allí, desde cuando solo era una niña y, sin llegar a montar en un avión, ya sabía los pasos de las azafatas. La vida luego me llevó a realizar cada uno de esos sueños en mi vida real.

No llegué a ser una azafata, pero trabajé en una agencia de viajes; no tuve mi negocio, pero llegué a ser vendedora y posteriormente administradora en una empresa de marca mundial; no fui la mejor comercial, pero llegué a ser la jefa de compras de una gran empresa en mi país, y ese querer saber el funcionamiento de las cosas me llevó a estudiar psicología y a encantarme el funcionamiento del cerebro humano y sus procesos, entre otras cosas. ¡¡Ahhh!! Se me olvidaba lo soñadora y romántica que era de pequeña y lo mucho que me encantaban los cuentos y las historias. También esto lo realicé en pequeña escala escribiendo poesía que muy pocos leyeron y siendo feliz relatando historias; hasta hoy, que he decidido llegar al mundo contando mi verdad y queriendo aportar una gran montaña de granitos de arena.

He decidido creer en mí y dejar de lado los pensamientos limitantes que me llevaban a hacer las cosas en pequeño, esas creencias que otros sembraron y que yo me creí, como son las de "no tienes la estatura", "no hablas idiomas", "eres fea", "no sabes hablar bien", "no eres capaz".

Te hago en este momento una invitación, toma esa libreta que teníamos un poco olvidada y escribe en ella cuáles eran tus juegos de la niñez, qué te encantaba hacer porque, aunque no recibieras en ese momento nada por hacerlo, lo que sí encontrabas era una gran satisfacción y eras el mejor cuando lo hacías.

Escríbelas y date cuenta de dónde están tus talentos, tal vez a diferencia de mí tú cantabas muy bien y tus juegos los realizabas siempre frente a un micrófono, o eras la mejor costurera y tus muñecos eran los mejores vestidos, o por lo menos con los mejores estilos porque tu deseo era ser esa diseñadora que vestía a esas damas que eran tus Barbie o de tus hermanas.

Y qué decir de a los que nos encanta destruir cosas para volverlas a armar y encontrar los porqués de su funcionamiento. Sean los que sean, esos juegos inocentes **muy seguramente hoy le podrán dar luz a tu verdadero propósito de vida.** Haz el ejercicio, vuelve a tu niño y pregúntale qué era con lo que más deseaba jugar en su momento y sabrás muchas cosas del adulto que eres hoy.

Continuando con el despertar me doy cuenta de que, aunque estaba logrando cosas que en su momento parecían increíbles, aún no estaba del todo despierta, aún no estaba realizando bien el proceso.

Mi niña interior aún estaba enfadada, frustrada y quería tener más rabietas y berrinches, además, aún la opinión de otros, su aprobación y, sobre todo, sus compasiones eran muy necesarias en mí, y, lo que es peor, continuaba sin escuchar todo lo que mi niña interior tenía para decirme. No me había tomado el tiempo suficiente para escucharla a ella, que guardaba toda mi verdad.

Esto me no me permitía avanzar todo lo que yo quería, pero empezaba a hacer cosas interesantes como viajes, a conocer lugares como París y sus encantos, zonas de España que no tenía el gusto de conocer, la costa atlántica colombiana, llena de cultura pura y virgen, Miami y Orlando con sus parques.

¿Y por qué te describo estos sitios que recorrí? Podríamos pensar que al hacer estos recorridos el disfrute sería absoluto, y en gran parte lo logré, pero no dejaba atrás, aún continuaba atrayendo a mí las enfermedades, aún las usaba como el medio de llamar la atención y decir: "Aún tienes que cuidarme y mimarme".

Por ello decidí visitar a una profesional, una excelente psicóloga que llegó a mí sin mayor esfuerzo. La visité con cero expectativas, solo tratando de percibir si era afín a mí, y aprovecho para decirte que cuando busques una persona para que te ayude has de conectar con ella, porque es esencial para lograr abrirte y que el trabajo que realicen sirva de verdad en tu vida.

Esto es algo bastante íntimo y necesario, así llegué a esta mujer que en un par de sesiones me envió a casa porque no veía ninguna situación digna de trabajar, pero me dio una llave que abriría muchas puertas por descubrir en mí, puertas que tú debes tener también cerradas con llaves de seguridad y que impiden que entres en esas habitaciones de tu inconsciente para dejar a la conciencia actuar.

Me recomendó lo que yo en los inicios de este libro te pedí, que fuese a una librería y tomase la libreta que más me gustase y el bolígrafo que más a gusto me hiciera sentir y empezara a escribir cómo me sentía y todo lo que se me ocurriera en ese momento, sin pensar, que solo dejara fluir mis pensamientos libremente.

Debía hacerlo solo por quince minutos y en verdad fueron los mejores quince minutos que tuve desde hacía muchísimo tiempo, me reencontré con mi gran pasión, la de escribir, y empecé a verbalizar sentimientos de compasión hacia mí, cosa que no solía aceptar, solo lo podía escuchar de otros mientras yo me flagelaba verbalmente reprobándome a cada momento.

Este ejercicio me permitió saber que yo no debía llamar la atención de nadie, que en mí tenía todo, **que yo era suficiente**, que, en pocas palabras, me debía amar más.

Esto muy seguramente ya te lo hayan dicho, **"el amor por ti debe empezar desde ti"**, y tu respuesta muy seguramente sea: "Ya lo hago, yo me amo". ¿Verdaderamente lo haces? Te invito a que hagas el ejercicio que en algún momento yo hice y analices si ese amor que dices tener por ti es genuino y lo estás practicando bondadosamente.

Cuando los apóstoles le preguntaron en Mateo 22:36, 37, 38 **"Maestro, ¿cuál es el mandamiento más importante de la ley?"**; Jesús les contestó de inmediato:

"Ama a Jehová, tu Dios, con todo tu corazón, con toda tu alma y con toda tu mente. Este es el primero y el más importante de los mandamientos, mas en el versículo 39 agregó **el segundo, que es parecido. Dice: `Ama a tu prójimo como te amas a ti mismo´. En estos dos mandamientos se basa la Ley y los Profetas".**

Si te das cuenta, aquí Jesús pone a Dios en primer lugar en todo. En nuestra vida debemos amar a nuestro creador con todo lo que somos, pensamientos, obras, palabras, con todo nuestro ser, y lo mejor es que esto solo te beneficia a ti mismo, quien actúa así solo puede recoger cosas buenas en su vida.

En cambio, en el segundo nos invita a amar a nuestro prójimo, pero esto será imposible si no empiezas por ti mismo. No puedes esperar amar a otros si por ti solo tienes malos sentimientos. No podrás entregarle nada bueno en la vida a nadie si a ti te estás tratando con desamor, dejadez, total falta de interés, es **IMPOSIBLE.** Por lo que debes empezar a respetarte tanto o más de lo que lo haces con los demás, sin ofenderte con malas palabras como "qué tonto soy", "qué ideas más idiotas se te ocurren", "qué feo he amanecido hoy". **PARA.** No más.

Yo no puedo continuar en este camino contigo sabiendo que te tratas de esta manera, si así lo haces con la persona más importante de tu vida, ¿qué podremos esperar los demás? Queremos y deseamos con todas nuestras fuerzas un mundo mejor del que tenemos, pero, ¿cómo lo vamos a lograr si nuestro entorno es un caos?

Así que llegó la hora de que empieces el mejor romance que hayas tenido en tu vida, el de amarte a ti mismo. Comienza a amarte, mimarte, cuidarte y proporcionarte lo mejor, así llegarás a ser un ser humano feliz y poco a poco la tierra estará poblada de personas excepcionales que se aman y que son capaces de entregar lo mejor a todo aquello que las rodea; suena a utopía, pero es coherente y real.

> **"AMARSE A UNO MISMO ES EL COMIENZO DE UN ROMANCE DE POR VIDA".**
>
> *Oscar Wilde*

> **"A MEDIDA QUE EMPECÉ A QUERERME, DEJÉ DE ANSIAR TENER UNA VIDA DIFERENTE Y PUDE VER QUE TODO LO QUE ME RODEABA ME ESTABA INVITANDO A CRECER. HOY EN DÍA LO LLAMO MADUREZ".**
>
> *Charlie Chaplin*

En este loco proceso que hoy agradezco enormemente empecé a descubrir y a **AGRADECER A DIOS** cosas tan triviales que por estar distraído en tu día a día jamás agradeces. En mi caso, agradecí, creo que por primera vez, el hecho de ser mujer, de poder ser engendradora de vida. Agradecí los errores que había cometido y la gran enseñanza que me habían dejado, empecé a darme cuenta de ello. Cito lo que escribí en su momento, el 23 de septiembre del 2017 a las 11:15 a. m.

"Estoy feliz de vivir y hacía mucho que no me sentía así, eso era porque estaba tan distraída en otros asuntos que no me daba cuenta de lo feliz que yo misma puedo hacerme. No, no necesito de otros, mi felicidad solo depende de mí misma y a quienes critican mi pensar les diría: 'Mira hacia adentro y serás más feliz que si te enfocas en mis virtudes que tú no logras ver'. Hoy digo y afirmo que es increíble conocerte a ti mismo".

Sí. La verdad fue que este ejercicio me llevó a ahondar cada día más en mí, me ayudó a conocer más a quién era esa persona que unos llamaban mamá, otros esposa, otros amiga, y que al final solo eran títulos.

Me ayudó a conocerme íntimamente, saber en realidad quién era Adriana Silva Quintero, y también me llevó a maravillarme de la creación, de lo magníficamente que estamos diseñados.

Todo ello me acercó más a Dios, que como ya lo dije antes se llama **JEHOVÁ,** nombre que él mismo se otorgó (Salmo 83:18) y que significa **"YO SOY" o "YO SERÉ LO QUE YO DECIDA SER",** y al que se le otorgan muchos títulos, como son Padre, Todopoderoso, Santísimo, pero que tiene un nombre y que le agrada que lo usemos porque nos da más intimidad con Él y la posibilidad de ser sus amigos. ¿Te dirigirías a tu mejor amigo solo con el título de "amigo"? ¿Verdad que sería muy frío y no permitiría que te pudieras confraternizar con él?

Así se inicia una gran amistad y el mejor apoyo que jamás imaginé. Cuando todo lo que tengas a tu alrededor te falle, te aseguro que él siempre te dará su apoyo y te guiará, solo has de saber buscarle y escucharle y Él te dará las respuestas que necesita tu corazón. Ten Fe, la certeza de que él está contigo y que le importas más que a nadie en el mundo.

Con estos pensamientos en mente empecé a caminar muchísimo más segura, con la certeza de que el universo entero estaba abriéndose para mí y que todo cuanto me rodeaba estaba creado con un propósito que haría mi vida aún más valiosa, interesante y feliz.

Y realmente yo era para los demás quienes ellos siempre habían visto, pero para mí era muy distinta, estaba en un despertar tan maravilloso. Pienso que por primera vez estaba feliz de ser yo misma y empezaba a disfrutar de mi compañía.

¿Te has hecho esa pregunta alguna vez: disfrutas de estar contigo mismo, de salir a caminar en tu compañía, de tus diálogos contigo, de saber que si no tienes otra persona a tu lado en ese momento cuentas contigo para disfrutar de todo lo que la vida te ofrece?

Eso es conocerse de verdad, es identificar la maravilla de creación que eres y, aunque muchas veces tu mente quiera sabotearte con historias de mediocridad, de menosprecio, no la escuches, solo está asustada de ver en quién estás convirtiéndote, en esa persona segura que cree en sí misma y que empieza a sacar todos sus potenciales, todo aquello con lo que fue hermosamente creada para venir a esta vida a ser Feliz.

El camino no siempre será de rosas, muy seguramente las inseguridades de vez en cuando te acompañarán, pero piensa en ese momento en la hermosa compañía que has descubierto que tienes, en la ayuda idónea de tu vida, y aprende a soltar y confiar en que Dios siempre sabe qué es lo mejor para tu vida.

Muchas veces los que somos creyentes decimos "que se haga la voluntad de Dios" en este u otro asunto, pero paso seguido pensamos: "Pero yo quiero que me des este empleo, esta pareja, etc., etc., etc.".

¿Crees que esto es soltar en sus manos nuestras necesidades? Nuestro Padre siempre nos ha dicho: "Haz tú tu parte que yo haré la mía". Si estás buscando un empleo ora y actúa, presenta tus entrevistas, ve a cada lugar que te digan, siempre entregando lo mejor de ti, sabiendo que lo has dado todo, y luego **Suelta y confía** en que tu Padre te dará lo que sea realmente lo mejor para ti. Nosotros en nuestra humanidad somos muy limitados, mas Él en su Divinidad es perfecto y siempre sabrá lo que es correcto y perfecto para ti.

Es verdad que no todo será color de rosa, pero sí será un color muy similar a ese porque tú estarás trabajando con verdadera fe en que así será. Si tú no crees en ti, ¿quién lo hará? Si tú no crees en tus capacidades y apuestas por tu vida, ¿quién crees que lo hará?

Recuerda que tú te proyectas en esta vida, tu caminar por ella es como una casa de espejos, cuando entras allí la imagen que ves es la tuya en todo. Si vas de mal genio por la vida, amargado y criticón, ten siempre en cuenta que lo que vas a ver a tu alrededor será eso mismo que estás dando, porque la gente entusiasta que quiere vivir feliz y disfrutar de lo que ahora tiene no se une a personas oscuras y grises.

Así que trabaja en tener tu mejor cara para esta vida, trabaja en hacerte feliz y entregar lo mejor de ti, verás que si tú cambias todo a tu alrededor cambiará. Hazlo como un ejercicio. Conscientemente del estado de ánimo con el que estás, sal a la calle. Si estás feliz verás cómo las personas te miran y hasta sonríen, verás que las charlas con los que se acercan a ti son agradables y positivas.

¿Y por qué crees que pasa esto? Porque tu forma de hablar agrada, es positiva y contagia, porque esa gran sonrisa que enseñas es contagiosa y ante una sonrisa lo que puedes esperar es otra a cambio. No hay días grises, nosotros los vemos como queremos.

"TU SONRISA TE DARÁ UN ASPECTO POSITIVO QUE HARÁ QUE LA GENTE SE SIENTA CÓMODA A TU ALREDEDOR".

Dale Carnegie

Veamos cómo funcionan las personas optimistas y las que no lo son.

En un día de estos que no sale el sol, hay brisa y corre un viento fresquito.

Persona Positiva: "Qué bien, qué buena oportunidad para ponerme el abrigo que siempre tengo guardado y poco puedo aprovechar. Saldré a caminar, ya que está fresquito y agradable, y aprovecharé este día que tengo para vivir".

Persona Negativa: Primero empieza por maldecir (mal - dice). "Qué horror, qué día más asqueroso, ni un maldito rayo de sol hoy. No voy a poder hacer nada, y para colmo me tendré que llenar de una capa más de ropa como si fuera una maldita cebolla, solo me dan ganas de llorar con días así y dormir".

Cuando hemos hecho un plan para salir con alguien y se daña.

Persona Positiva: "Vale, pues no pasa nada, otro día será, así que aprovecharé y haré este trabajo que tenía pendiente y ganaré tiempo", o hasta se inventará otro programa para hacer.

Persona Negativa: Pi… "¿Cómo me pueden hacer esto? Ahora quedarme encerrado sin hacer nada. Mínimo se inventó que no podía ir porque no quería salir conmigo, se olvida de mí".

Pasa una persona por tu lado y no te mira ni te saluda.

Persona Positiva: "Oh, ha pasado fulanito y no me ha visto, qué distraído está, debe tener miles de cosas en su cabeza. Cuando lo vuelva a ver llamaré su atención, ya que tengo deseos de hablar con él".

Persona Negativa: "Pero, ¿qué se ha creído este? La gente es muy cambiante, un día te miran, te saludan y no saben dónde ponerte y cuando no te necesitan o se les tuerce la tripa ya hacen que no te ven. La próxima vez que me lo encuentre ya verás que seré yo quien ni le mire".

Estos son algunos ejemplos de muchísimos que solemos vivir en nuestro día a día, pero ahora te hago una pregunta: ¿qué persona querrías tener a tu lado y tener una amistad con ella?

Ahora confío en que tu respuesta sea la más apropiada para tu vida, yo estoy segura de con quién me quedaría.

Y es que aquí encontramos otra de las enseñanzas que me dejó el escribir cada día lo que pienso, que mi diálogo hacia mí y hacia los demás es muy importante. Hay que saber que el mundo no está en tu contra y que cada persona que nos rodea tiene su vida y sus propias necesidades, que no hace las cosas pensando en fastidiarnos, solo está en su camino aprendiendo, como lo estás haciendo tú y como lo estoy haciendo yo, aprendiendo a vivir.

RESUMEN, REFLEXIONES Y EJERCICIOS

- Debemos despertar ya del sueño profundo en el que estamos sumidos y la inconsciencia de una vida sin sentido. Para ello, si ya lo hemos detectado, debemos estar muy atentos a esa palabra que como una campanilla muy aguda haga el clic en nosotros y produzca ese despertar.

- Para salir de cualquier situación difícil de tu vida depende al 100 % de ti mismo, recuerda que tú no eres víctima de nada en tu vida y lo debes asumir. Actúa, despierta y trabaja en pos de ti.

- Nadie puede dudar de que los diagnósticos que llegan a tu vida son reales, te puede gustar más o menos lo que ahora te diga, pero tus pensamientos enferman tu mente y esta a su vez lo hace con el cuerpo.

- Los pensamientos tienen un gran poder, tanto para lo bueno como para lo malo, tú has de saber escoger muy bien para qué los utilizas.

- Cuando despiertas de la inconsciencia en la que te sume el egotismo te puedes dar cuenta de que quienes realmente te aman están allí a tu lado esperando por ti para continuar viviendo.

- El camino del cambio no será corto ni fácil, pero sí muy hermoso porque cada triunfo te dará miles de regalos bellos. Dios está contigo dándote su energía vital para lograrlo. Poco a poco verás la senda más despejada y los avisos más claros del camino que has de seguir, así que debes tener los ojos bien abiertos y los oídos despiertos, planificando los pasos que seguir y cumpliendo esa planificación hasta llegar a tu meta.

- Tus recuerdos muchas veces están en ti con un propósito, nunca los subestimes porque sin saber ni cómo ni cuándo te terminarán sirviendo para continuar el sendero de tu vida.

- Lo que piensas en positivo, enfocado hacia tu meta, más la visualización y el diálogo positivo interior, **EXTERMINARÁ EL MIEDO** limitante.

- Dios nos enseña cómo se logra crear. Primero, **PENSÓ** en lo que quería hacer, luego usó la **PALABRA** y dijo "**HÁGASE**", después tomó **ACCIÓN** y trabajó incansablemente para luego poder regocijarse en su obra y descansar al verla realizada.

- Regresar a los recuerdos de la niñez, en especial a los sueños que te llevaban a jugar, te enseñará tu esencia, aquello para lo que tienes verdaderos talentos.

- En todo proceso de crecimiento tu niño interior tiene mucha importancia, el aprender a escucharle es vital, y muchas veces necesitas ese profesional idóneo que te dé las pautas para sacarle a la luz o al menos hallar tu camino.

- Somos seres creados perfectamente y somos **SUFICIENTES** para hacer de nuestras vidas nuestra mejor obra.

- Debes amarte y cuidarte primero para poder amar y entregar lo mejor a otros. Cuida tu diálogo interno, no te maltrates verbalmente, ¿verdad que no lo harías con otros? ¿Entonces por qué lo haces con la persona más importante y vital de tu vida, que eres tú mismo?

  Recuerda que, si te das amor, te cuidas y te mimas, seguro que le haces un gran regalo a la humanidad, porque solo quienes se tratan de esta manera llegan a la felicidad, y una tierra poblada de seres excepcionales que son capaces de entregar lo mejor de sí hará tarde o temprano una tierra mejor.

- Ser agradecido por todo lo que eres, tienes, recibes, vives, etc., cambia vidas, así que Gracias, Gracias, Gracias.

- El llegar a conocerte íntimamente es un gran regalo que te da la vida.

Pero no es nada comparado con el conocer a tu creador. Cuando lo haces le llegas a amar tanto por sus cualidades, que así se empieza a forjar la amistad más grande que puedas desear en tu vida.

- El universo entero está creado para que tu vida sea la mejor experiencia, pero este también depende de ti, de la forma que tengas de **ver y vivir lo que se te presenta.**

- **SUELTA Y CONFÍA,** Dios siempre está a la espera de que descargues sobre Él tus pesadas cargas.

  Si eres creyente pon ya en práctica estas palabras: **"QUE SE HAGA TU VOLUNTAD"**. Y es que solo Dios sabe qué es lo mejor para ti y para el universo entero.

  Y si no eres creyente, piensa: ¿ganas alguna cosa amargándote y amargando a otros por cosas que se escapan de tus manos?

  Tú haz todo lo que esté en tus manos y cuando ya no puedas hacer más, entonces **SUELTA Y CONFÍA.**

- La vida es un espejo, si tú reflejas crítica, malhumor y amargura, no esperes recibir cosas positivas. Está en ti mostrar la mejor cara a la vida, recuerda que si tú cambias todo a tu alrededor cambiará también.

- Dale a la vida lo que tú quieras para ti. Sé positivo y verás cómo el gris se convertirá en una luz blanca radiante.

"NO HAY UN ESPEJO QUE MEJOR REFLEJE LA IMAGEN DEL HOMBRE QUE SUS PALABRAS".

Juan Luis Vives

EJERCICIOS

- Toma tu libreta y escribe cuáles eran tus juegos favoritos en tu niñez. En ellos muchas veces podías acudir a la música y te sentías un gran cantante sobre el escenario, tal vez te deleitabas con la costura, cosiendo trajes para tus muñecas, o a lo mejor eras el mejor diseñador, el más controvertido por los modelos que se te ocurrían, muy diferentes de todos los demás.

  Fueran los que fueran esos juegos, te digo que podrán enseñarte muchas cosas de los verdaderos deseos que tiene el adulto de hoy, ya que te llevarán a encontrar cuál es tu verdadero propósito de vida.

- En una libreta que te encante, diferente a la que usas para tus ejercicios, escribe por quince minutos todo aquello que se te cruce por la cabeza, no pienses que has de escribir, solo escribe. Al terminar lee, te llegarás a sorprender de lo que guardas en tu inconsciente y de verdad que te ayudará, ya que por medio de este ejercicio conseguirás las llaves para abrir puertas mentales que sacarán a la luz tesoros valiosos para tu crecer.

RECUERDA:

"CUANDO LE ENSEÑAS A UN NIÑO ALGO, LE QUITAS PARA SIEMPRE SU OPORTUNIDAD DE DESCUBRIRLO POR SÍ MISMO".

Jean Piaget

"LAS ACTITUDES NEGATIVAS NUNCA RESULTAN EN UNA VIDA POSITIVA".

Emma White

"SI CAMBIAS LA FORMA EN QUE MIRAS LAS COSAS, LAS COSAS QUE MIRAS CAMBIAN".

Wayne Dyer

"TÚ MISMO, TANTO COMO CUALQUIERA EN EL UNIVERSO ENTERO, MERECES TU AMOR Y AFECTO".

Buda

7.

UN VIAJE INESPERADO

"Realiza el mejor viaje que puedes hacer, viaja a tu mundo interior, recupera tu esencia y alcanza tu propia realización".

Adriana Silva Quintero

Se presenta ante mí un viaje que no había pensado y que tampoco tenía planeado, pero que deseaba realizar desde hacía muchísimo tiempo, ese viaje solo requería de mi presencia y así debía hacerlo.

En el momento en que se presentó no sabía todo el bien que recibiría al hacerlo y la cantidad de cosas que iba a aprender. En verdad, amigo lector, nunca sabemos de qué están disfrazadas las oportunidades más valiosas de nuestra vida. Se presentan situaciones a veces que, como esta, eran para gestiones de papeles y requisitos legales en mi país natal, Colombia, que, visto así, no tenían ningún atractivo, pero la realidad es que era lo que me hacía falta para despertar totalmente, era esa campana fuerte que daba el anuncio de salida a mi nueva y placentera vida.

Lo que hizo tan maravilloso este viaje fue que me dio la oportunidad de reencontrarme conmigo misma y con mis raíces. Me permitió recuperar mi esencia, esa que se me había olvidado empacar en el momento de salir de casa, y, como te dije en el capítulo anterior, esta era una de las oportunidades para viajar con los ojos bien abiertos y los oídos bien despiertos para sacar el mayor provecho a todo lo que veía, pero, sobre todo, a lo que escuchaba.

Al llegar a mi país me sentí como si jamás hubiese salido de allí, me sentí de nuevo en casa; aunque mi hogar familiar había cambiado de estatus y de entorno. Pero allí encontré de nuevo a Papá y Mamá, fue como cuando regresaba después de haber ido al colegio o cuando trabajaba y regresaba después de un duro día de laborar. Era de noche y ellos no sabían que yo vendría, así que les encontré en su habitación, recostados en su cama viendo la televisión, era como antes, como lo guardaba en mi mente.

A pesar de que yo ya había venido acompañada varias veces, esta fue muy diferente, fue algo indescriptible. En ese momento me di cuenta de que los protocolos y las exigencias sociales rompen el encanto que tiene lo natural. Desde el inicio de este viaje las cosas fueron especiales, las personas espectaculares y las vivencias enriquecedoras.

No te voy a describir paso a paso cómo fue este encuentro para no aburrirte, pero sí te voy a contar cada aprendizaje obtenido, cuánto poder hay en cerrar puertas que no hayas cerrado en tu vida y que escuchar te puede traer múltiples regalos inesperados.

Lo primero de lo que me di cuenta fue que cuando salí de casa me llevé muchas pertenencias físicas, pero no me había llevado lo más importante, mi corazón, este lo había dejado allí con esos seres maravillosos que se llamaban Padres.

Es verdad que en España tenía mi nuevo hogar, esa hermosa familia que había constituido y con la que me sentía feliz, pero mi verdadera esencia aún estaba en casa y tenía que recuperarla; aunque también tenía claro que había muchísimas cosas de la anterior Adriana que no quería recuperar. Lo que sí quería recobrar eran muchas de sus cualidades que ahora no me acompañaban.

Los primeros cinco días fueron de adaptación y reconocimiento de mi entorno y los siguientes fueron para volar como vuela un águila en busca de su alimento, con una visión aguda que me ayudara a encontrar y recobrar cada trocito mío que estaba por allí esparcido.

Recorrí lugares donde había vivido grandes experiencias, pero, sobre todo, me encontré con personas maravillosas que me recordaron quién en verdad era yo. Cuando escuchaba no podía ni creer lo que mis oídos en ese momento estaban oyendo. Aquellas personas estaban relatando cosas de una persona que ellos habían conocido y que yo estaba olvidando, me mostraron algunas de mis mejores características y otras que no lo eran tanto; y poco a poco, con cada relato y sin saberlo, me iban entregando lo que había perdido, mi tan anhelada **ESENCIA.**

El proceso era este, me preguntaban cómo estaba y yo decía: "Feliz". La respuesta era: "Eso ya sabemos que lo eres". Pero mi reflexión era: "¿Lo soy? No, tal vez ahora lo estoy, pero últimamente no me había sentido así". A su respuesta yo les empezaba a contar mis penas y veía cómo su cara cambiaba por una totalmente de asombro, y, acto seguido, venía el obsequio, no me compadecían, por el contrario (esto te lo digo con total alegría y agradecimiento), sus expresiones eran de "¿qué dices?, pero si tú no eres así, la Adriana que yo conocí era otra".

Y a mi petición empezaban a relatar cómo era la persona que ellos habían conocido, y mientras ellos iban haciendo su relato yo iba realizando una criba en mí de lo que dejaría conmigo y de lo que desecharía de esa vieja personalidad.

Con cada visita, con cada persona, con cada conversación, iba recobrando algo de mí. Era como ver a esa águila interior que iba realizando su transformación. Primero arrancaba las plumas y luego las sustituía por unas nuevas que me harían volar cada vez más alto hacia mis metas, su pico caía o, mejor, yo lo arrancaba y salía uno nuevo que me ayudaría a hablar, a callar y a crear, y, por último, las garras de esa vieja águila eran arrancadas y sustituidas por unas más fuertes que me ayudarían a saber atrapar cada oportunidad presentada ante mí.

En estos procesos de crecimiento y transformación de tu vida has de ser muy selectivo con todo lo que se te presente, debes saber aprovechar aquello que sea de beneficio personal y, aunque sea algo muy tuyo, desechar todo aquello que sepas que entorpece este proceso tan importante de tu vida, y así lo fui haciendo con cada oportunidad presentada.

Continuando este relato, te cuento que aquí no terminaron los regalos que mi Padre Celestial tenía reserva-
dos para mí. Faltaban los regalos más íntimos, los que
recibiría de las personas que conocieron a la Adriana
niña, a esa que aún debía yo escuchar y curar. A esa
solo la conoció mi familia carnal y mis antiguos veci-
nos, los que me acompañaron en los primeros años
de mi infancia, algunos de los cuales me entregaron
calificativos que ellos se imaginaban dulces, pero que
para mí eran calificativos que me dolían.

Pero, definitivamente, cuando pones todo en las
manos de Dios y confías en Él con fe ciega, te das
cuenta de que todo fluye como debiera y que lo que
él te entrega para vivir es lo mejor que te puede pasar. Así, con esta gran confianza y fe y acompañada
de las mejores personas del universo, mis padres,
realizamos una serie de viajes por mi país que me
permitirían estos anhelados encuentros. La verdad
es que aquí no hubo casualidades, existieron causa-
lidades que se presentaron en el momento oportuno
de mi vida.

Estos encuentros se realizaron en el final de mi viaje, cuando la mayor parte de mí se había renovado,
por lo tanto, ellos le pudieron entregar el amor que
siempre le habían entregado a esa niña y yo lo pude
recibir con la madurez de la mujer que ya era.

En este viaje me encontré con viejos amores, esos que
tienes e idealizas de niña y que por muchísimos años
vas guardando en el baúl de los "qué hubiese pasa-

do", pero que dentro de ti en verdad ya tienes la respuesta: si no está contigo es porque tú realmente no quisiste, estás con y donde realmente deseas estar.

Estos encuentros fueron realmente fructíferos porque le permití a mi niña interior salir y visualizar lo que yo ya sabía.

Cerré puertas y apagué las luces de esas vidas imaginarias, así entonces quedé, por un lado, libre y en paz con mi pequeña para centrarme en mis sueños y metas reales; además, logré, por otra parte, que mi niña interior empezara a fundirse con mi yo adulta y así las dos se sincronizaron para continuar una vida de colaboración y unión para su desarrollo actual.

¿Ves ahora la importancia que tiene el escuchar a ese niño interior que todos llevamos? No solo por las rabietas que suele tener y que te molestan en tu vida actual, sino también porque él te ayudará a seguir creciendo y encontrando tus verdaderas raíces en todos los campos de tu vida. Recuerda que está desde que iniciaste tu vida, por lo que sabe más de ti que cualquier otro.

También vi a mi familia, a la que llevaba muchísimos años sin ver, y que me entregó todo el amor, calor familiar, que no tiene precio, y ejemplos de superación impagables. Todo esto sin los calificativos que tanto me molestaban, y eso fue otro camino que limpié.

Por otro lado, yo les pude entregar mis respetos, mi amor y, sobre todo, mis agradecimientos, los que hoy aprovecho para reiterarles: Gracias, Gracias, Gracias. En verdad, tengo la mejor familia que se puede tener, y, sobre todo, mis compañeros en este viaje, que son mis Padres, los cuales me recordaron que tengo los padres más cariñosos, amorosos, estupendos, generosos y un sinnúmero más de calificativos que se me puedan ocurrir, los mejores que hay en mi mundo.

Y así, con mi equipaje lleno de hermosas perlas, además de algunos libros que me servirán para este proceso, regresé a mi hogar con mis tareas de sanación de mi alma realizadas y totalmente renovada.

Ahora llegaba la prueba de fuego, pues me iba a reunir con la persona que más me conoce en este mundo, aparte de mí, y ese no es otro que mi amado esposo y compañero de vida.

Este encuentro sería el que sellaría a fuego todo el trabajo realizado en mi país. Lo digo así porque, a pesar de que veamos cambios, que las cosas no son lo mismo a nuestro alrededor, en nuestro interior no lo creemos hasta que otro venga y nos lo diga, y si ese alguien tiene peso moral en nuestra vida, como el que tiene mi esposo para mí, aún más.

Aunque aprovecho para decirte, amigo lector, que esto ha de cambiar, que tú has de confiar y saber que, si lo ves, lo sientes así es.

Bueno, me encuentro con este maravilloso hombre y su primera expresión hacia mí es: "Qué bien te veo, el cambio te ha sentado genial". Yo pensaba que él solo veía mi cambio de *look*, pero a lo que él se refería era al brillo intenso de mis ojos negros, el cual echaba de menos y que yo volvía a recobrar para los dos.

Después del reencuentro con mi familia, desempaqué mi equipaje físico y encontré un libro que había traído conmigo, el cual me devoré y la experiencia en su momento fue alucinante, por lo que corrí a compartirlo con mi esposo, a quien le encantó también. Así empezamos a investigar y fuimos encontrando herramientas valiosas que fueron llegando a nuestras manos y que ahora comparto contigo.

Bueno, decirte que mi esposo notó y se maravilló de mi cambio, así que era real y no me lo había imaginado. Aunque más que cambio fue la recuperación de la mejor parte de mi yo anterior y el acoplamiento con mi yo actual, lo que llegó a darme una mejor y más completa versión de mí misma.

Ahora solo quedaba seguir ese camino que había iniciado, un continuo caminar limpiando y ordenando todo, un continuo aprender a vivir.

RESUMEN, ANÁLISIS Y EJERCICIOS

- Se nos presentan situaciones que pueden parecer a veces sin sentido y hasta difíciles de digerir, pero recuerda que muchas veces están allí para ser tu mayor bendición.

- Las mejores oportunidades de nuestra vida las encontramos teniendo una actitud de búsqueda, llevando siempre los ojos bien abiertos y los oídos bien despiertos, cual águila en busca de su objetivo.

- Muchas veces la forma en que nos moldean las circunstancias vividas hace que poco a poco vayamos perdiendo nuestra esencia. Cuando pasa esto nuestro brillo, nuestra marca personal, se difumina y somos solo nosotros mismos, bajo nuestra propia conciencia, quienes la podemos recobrar.

- Muchas veces los protocolos y las exigencias sociales rompen el encanto que tiene lo espontáneo y natural.

- El cerrar puertas en nuestra vida y hacerlo de la mejor manera, cuando decides tomar un rumbo diferente en tu vida, es esencial para no dejar atrás cosas tan importantes como tu corazón. Cuando no cierras bien tus etapas, el pasado será una carga pesada que te acompañará en el presente. Por eso di lo que debas decir, demuestra amor a quien se lo debas, escucha a quien te quiera decir algo y, sobre todo, perdona y perdónate, solo así vivirás en libertad.

- En algunas ocasiones, y más usualmente de lo que crees, tienes que aprender a escuchar a quienes te acompañaron cuando tu espíritu de principiante estaba contigo, ellos podrán enseñarte una cara tuya que tal vez habías olvidado y que en tu presente necesitas.

- Sé generoso contigo mismo y acepta tus cualidades. Si lo estás escuchando de otros asúmelo, eso eres, porque solo aceptas las cosas malas que te digan y no te das cuenta del daño que esto te proporciona. De nuevo te lo digo, sé generoso contigo como lo eres con las demás personas, agradece y guarda en ti esas verdades que te mereces y úsalas para engrandecer tu hoy.

- En nuestra vida debemos ser como las águilas, cuando llegan a determinada edad y van perdiendo facultades se aíslan y renacen de una forma dura y hasta dolorosa. Rompen su viejo pico contra los peñascos para obtener uno nuevo y fuerte, despluman su cuerpo y arrancan una a una sus garras para renovarlas.

Ellas sí que aplican eso de renovarse o morir, y así salen totalmente renovadas a por una nueva vida triunfante.

- Escucha a tu niño interior, tiene muchas cosas que contarte. Él puede llegar a guardar sueños que no se realizaron, deseos, anhelos que distan mucho de tu realidad actual. Enseñarle que esos sentimientos ya no son lo mejor para el actual "yo" y ponerle en armonía con lo que eres y deseas en tu hoy es esencial para desenvolverte libre y decidido en el mañana.

- Creamos en lo que vemos y sentimos de nosotros mismos, no debemos depender siempre de que otros nos confirmen lo que ya sabemos. Confía en ti y en tu capacidad de proveerte lo mejor.

- **Si has perdido tu verdadera esencia haz tu viaje interior y encuéntrala, enriquece a tu vida actual con tus tesoros perdidos y crece rumbo a tu mejor mañana.**

RECUERDA:

"AFÉRRATE A TUS SUEÑOS, PORQUE SI LOS SUEÑOS MUEREN, LA VIDA ES UN PÁJARO CON LAS ALAS ROTAS QUE NO PUEDE VOLAR".

Langston Hughes

"DE TRES MANERAS PODEMOS APRENDER: EN PRIMER LUGAR POR LA REFLEXIÓN, QUE ES LA MÁS NOBLE; EN SEGUNDO LUGAR, POR IMITACIÓN, QUE ES EL MÁS FÁCIL; Y EN TERCER LUGAR POR LA EXPERIENCIA, QUE ES LA MÁS AMARGA".

Confucio

"EL AUTO CONOCIMIENTO NO REQUIERE AISLAMIENTO, PERO SI EL SUFICIENTE TIEMPO CONTIGO MISMO".

Rafael Vidac

8.

APRENDIENDO A VIVIR

"El disciplinar tu mente, lo puedes hacer a cualquier edad, solo requiere de tu esfuerzo consciente y el deseo inminente de ser tu mejor versión".

Adriana Silva Quintero

Después de haber realizado este viaje maravilloso quedo consciente de que debo continuar trabajando en mí. ¿Cuánto tiempo crees que durará este proceso de aprender a vivir? La respuesta correcta, amigo mío, es que es eterno por suerte, cada despertar te trae una nueva oportunidad de corregir errores pasados y de aprender algo nuevo.

Espero que hoy tomes conciencia de que este es un trabajo constante. Hemos caminado ya un buen trozo de camino, has limpiado tus recuerdos de la niñez, te has concienciado de muchas cosas que te hacían daño y las has podido trabajar hasta llegar al punto de perdonarte y llegar a amarte.

Ahora, ya con una conciencia despierta al cambio, debes continuar tu camino sabiendo que tienes 100 % de responsabilidad en tu bienestar y que no eres una víctima de nada ni de nadie, que las personas que ahora están a tu alrededor tú las atraes, que si ves cosas nocivas que te impiden avanzar eres tú quien se encarga de mantenerlas junto a ti o, por el contrario, quien las aleja, y que los demás te darán el valor que tú mismo te des. No puedes esperar nada más ni nada menos.

Teniendo en cuenta todo lo anterior, vamos a continuar nuestro trabajo y aprendiendo a vivir mejor. Te contaré qué sucedió después de las dos únicas terapias que realicé con Carmen, la psicóloga que la vida me regaló, que, por cierto, te digo que no es mejor terapeuta el que dura contigo una vida entera psicoanalizándote, sino el que en poco tiempo encuentra tu esencia y te ayuda a encauzar tu propio camino.

A veces nos despistamos y perdemos nuestro sendero y estas personas a las cuales Dios les permite tener conocimientos necesarios nos reconducen. Cada profesional en la vida ha obtenido sus conocimientos bajo la aprobación divina; ten en cuenta que, si Dios no quiere, no se da. Hay muchos conocimientos que solo desvelan el tiempo oportuno, y si aún no los hemos obtenido es porque no estamos preparados.

Así fue que continué mi camino empapándome del conocimiento de Dios y utilizando también la investigación sobre las mejores maneras de crecer como ser humano en todos los sentidos. De este modo, me comprometí y busqué personas que aplicaran lo que predicaban en su vida y que, además, tuvieran buenos resultados, y acudí a seminarios que enriquecieron aún más mi vida.

Allí aprendí entre otras cosas que primero debía hacer un buen balance de cómo estaba mi vida en general en ese momento, teniendo como base las áreas más importantes de mi vida, como son la Salud, El Dinero y El amor.

Una vez identificado el estado de estas áreas, debía ponerme manos a la obra y trabajar incansablemente por mejorarlas lo más pronto posible, empezando por la que estuviese en un nivel más bajo, ejercicio que hoy te pido que realices. Como si de una tabla de estadísticas se tratase hazte un gráfico colocando en este mismo orden tus prioridades: Salud, Dinero y Amor. Observa cómo te encuentras de 0 a 10 en cada área, la que tenga un porcentaje más bajo será la que debes empezar a trabajar primero.

En mi caso, como es de imaginar la de más bajo porcentaje fue la de la salud, que por cierto te adelanto que es la más importante porque con salud puedes desarrollar tu área económica, y una vez ya seas el príncipe azul o la princesa de cuento te puedes dedicar al amor. Como hablamos en páginas anteriores, primero hazte y luego comparte.

Continué adquiriendo más perlas preciosas para mi vida, la siguiente sería la de adquirir hábitos. Tenía deseos de realizar muchas cosas, como muy seguramente los tienes tú. Sin embargo, no sé por qué razón nunca lograba hacerlas, siempre tenía un obstáculo que se presentaba a la hora de realizarlas, hasta que quise saber por qué pasaba esto y me di cuenta de que, cuando empezaba a pensar en lo que quería hacer, terminaba pensando en lo que debía hacer y estos **"debía"** terminaban ganando. Y es que lo que otros proponían en mi vida terminaba siendo mi prioridad y no me daba cuenta de que **el compromiso conmigo misma no existía**.

¿Te has preguntado alguna vez qué grado de compromiso tienes contigo y con tus deseos y sueños? Yo estaba casada con todo lo externo, pero con lo interno, con mi YO, era totalmente infiel y desleal, y esto me llevaba a no cumplir con mis sueños, a dejar aparcada cada cosa que me encantaba, a no terminar nada de lo que en un momento me hacía verdadera ilusión, y es que a veces ni siquiera lo iniciaba, llámese ejercicio, costuras, escribir, etc. Entonces, ¿qué debía hacer?

Lo primero y más importante era casarme conmigo misma y comprometerme a hacerme feliz, a amarme y respetarme, a estar verdaderamente y al 100 % comprometida con la realización de mis sueños y a jamás dejarlos de lado en ninguno de los sentidos (aquí hago un paréntesis para pedirte que rompas la creencia absurda de que si haces estas cosas eres un egocéntrico, porque esto es lo que nos han enseñado y hoy podemos darnos cuenta de que no ha tenido un buen resultado.

De nuevo recuerda el mandamiento de Jesús de que amáramos al prójimo como a nosotros mismos y que si no lo hacemos primero con nosotros no le podremos entregar a los demás nada de calidad). Así, lo primero entonces era tener un **VERDADERO COMPROMISO CONMIGO MISMA, Y TE PIDO LO MISMO, QUE TE COMPROMETAS Y RESPETES ESE COMPROMISO.**

Una vez adquirido este compromiso volvemos a los hábitos, que nos ayudarán a simplificar nuestra vida y a hacerla más fácil y organizada. Te puedes llegar a preguntar qué es un hábito, y la respuesta que nos dan los diccionarios sobre este tema es la siguiente: "La psicología determina como hábito cualquier conducta repetida regularmente, que requiere de un pequeño o ningún raciocinio y que es aprendida, mas no innata".

Sabemos y somos conscientes de que existen los llamados hábitos malos o malas costumbres, aquí entrarían los vicios de toda índole, y lo que buscaremos aquí es sustituirlos por los buenos hábitos.

Existen una variedad de hábitos, como pueden ser los sociales, los morales, los saludables, los físicos, los de higiene, y de este te podré dar un buen ejemplo. Cuando nacemos no tenemos dientes, pero cuando los adquirimos empieza la gran obsesión de nuestros padres por que los cuidemos, limpiándolos después de cada comida. Cuando este hábito está bien trabajado, llega un momento en el que nadie debe decirnos cómo o cuándo tenemos que realizar esta actividad del cepillado dental, es algo que se incorpora en nuestra vida sin ningún esfuerzo, de hecho, llega a quedar tan incorporado que si salimos de casa sin hacerlo es como si nos faltase algo muy importante y muchas veces debemos volver a realizarlo, eso es un hábito.

Los hábitos se pueden adquirir realizando una serie de pasos, entre los cuales puedes tener en cuenta los siguientes:

- Sustituir la acción habitual por una nueva, para ello identifica lo que debes cambiar.

- Trazarte un buen plan de acción.

- Ponte una fecha de inicio, no te pongas excusas.

- Usar estrategias que faciliten el proceso.

- Repetir el comportamiento hasta que se haga agradable.

- Trabajar nuestra conversación mental para lograr que el hábito se convierta en normalidad.

Quisiera compartir este cuento de **JORGE BUCAY** que nos muestra claramente la fuerza de los hábitos.

Dice así:

Cuando yo era pequeño, me encantaban los circos, y lo que más me gustaba de los circos eran los animales. Me llamaba especialmente la atención el elefante, que, como más tarde supe, era también el animal preferido de casi todos los niños.

Durante la función, la enorme bestia hacía gala de un peso, un tamaño y una fuerza descomunales...

Pero después de la actuación y hasta poco antes de volver al escenario, el elefante siempre permanecía atado a una pequeña estaca, clavada en el suelo, con una cadena que aprisionaba una de sus patas...

Sin embargo, la estaca era solo un minúsculo pedazo de madera apenas enterrado unos centímetros en el suelo. Y aunque la cadena era gruesa y poderosa, me parecía obvio que ese animal, capaz de arrancar un árbol de cuajo con fuerza, podría con facilidad arrancar la estaca y huir.

El misterio sigue pareciéndome evidente:

¿Qué lo sujeta?

¿Por qué no huye?

Cuando tenía cinco o seis años todavía confiaba en la sabiduría de los mayores, y entonces pregunté a un maestro, a un padre o a un tío por el misterio del elefante. Alguno de ellos me explicó que el elefante no se escapaba porque estaba amaestrado. Hice entonces la pregunta obvia: "Si está amaestrado, ¿por qué lo encadenan?".

No recuerdo haber recibido ninguna respuesta coherente. Con el tiempo olvidé el misterio del elefante y la estaca... y solo lo recordaba cuando me encontraba con otros que también se habían hecho esa pregunta alguna vez.

Hace algunos años descubrí, por suerte para mí, que alguien había sido lo suficientemente sabio como para encontrar la respuesta:

El elefante del circo no escapa porque ha estado atado a una estaca parecida desde que era muy pequeño.

Cerré los ojos y me imaginé al indefenso elefante recién nacido sujeto a la estaca.

Estoy seguro de que en aquel momento el elefantito empujó, tiró y sudó tratando de soltarse, y a pesar de sus esfuerzos no lo consiguió, porque aquella estaca era realmente demasiado dura para él. Imaginé que el elefantito se dormía agotado y que al día siguiente lo volvía a intentar, y al otro día y al otro...

Hasta que un día, un terrible día para su historia futura, el animal aceptó su impotencia y se resignó a su destino.

Ese elefante enorme y poderoso que vemos en el circo no escapa porque cree, pobre, que NO PUEDE. Tiene grabado el recuerdo de la impotencia que sintió realmente poco después de nacer, y lo peor es que jamás ha vuelto a cuestionar seriamente ese recuerdo.

Jamás... Jamás... intentó volver a poner a prueba su fuerza...

Así es, Demián, todos somos un poco como el elefante del circo, vamos por el mundo atados a cientos de estacas que nos restan libertad... vivimos pensando que no podemos hacer montones de cosas simplemente porque una vez, hace tiempo, cuando éramos pequeños, lo intentamos y no lo conseguimos. Hicimos entonces lo mismo del elefante, grabamos en nuestra memoria este mensaje: "NO PUEDO, NO PUEDO Y NUNCA PODRÉ".

Hemos crecido llevando este mensaje que nos impusimos a nosotros mismos y por eso nunca nunca volvimos a intentar liberarnos de la estaca.

Cuando a veces sentimos los grilletes y hacemos sonar las cadenas, miramos de reojo la estaca... y pensamos: "NO PUEDO Y NUNCA PODRÉ".

JORGE BUCAY, *RECUENTOS PARA DEMIÁN*

¿Te das cuenta con este gráfico ejemplo de cómo muchas veces tus limitaciones actuales están ligadas a malos recuerdos y a palabras limitantes repetidas en la mente que hacen que en el ahora estés en la situación que estás?

Por esta razón te invito a que empieces a liberarte de esas cadenas que te mantienen atado a esas estacas paralizantes que son los malos hábitos. Te pido que empieces a hacerlo de la manera más sencilla posible, con pequeñas acciones que te conduzcan a esa meta deseada. Tal y como un bebé empieza paso a paso el proceso de caminar, tú haz lo mismo para lograr tu meta deseada. Esto va a requerir acción de tu parte, una acción constante, diaria y sin excusas.

Te mostraré una manera práctica de cómo puedes trabajarlo, tomemos el ejercicio como te había dicho antes. La salud es lo primero y más importante para lograr cualquier cosa que nos propongamos en la vida y el ejercicio es vital para una buena salud. Salir a caminar o trotar cada día es una de las rutinas más recomendadas por los entendidos de la salud, así que te mostraré cómo puedes incorporarla a tu vida de una manera sencilla y práctica.

1.º Busca una melodía que te motive en las mañanas y que te dé el impulso suficiente para querer salir de la cama. Este proceso será muy importante, sobre todo la primera semana.

2.º Habiendo logrado lo primero muy seguramente el paso que seguir será visitar el cuarto de baño, así que allí coloca desde el día anterior tu ropa de deporte a mano y visible, que solo sea estirar tu mano y tomarla para vestirte de una manera instintiva. No le permitas a tu cerebro darte razones para no hacerlo, recuerda que tu mente lo que menos quiere es que agotes energía, por lo que te querrá tener en tu zona de confort. El saberlo te ayudará a estar al tanto cuando lleguen esos diálogos en contra de tu propósito y has de saber rechazarlos, crea una palabra o pequeña frase que los neutralice, como puede ser: "**Gracias, pero mi deseo es salir ya y ahora**". Repítelo cuantas veces te sean necesarias. Esto es una idea, crea la frase más adecuada para ti, tenla lista para cuando la necesites y, sobre todo, **ÚSALA.** Ya despiertos y vestidos, el lugar que visitar es la cocina.

3.º En la noche anterior deja preparada y a la vista una pieza de fruta y agua, que sea lo primero que ingieras en la mañana. El agua te hidratará, ya que hemos pasado muchas horas en la noche sin darle a nuestro cuerpo y, sobre todo, a nuestro cerebro agua, y este está conformado en un 80 % de este preciado líquido que nos provee de vida. Luego una buena pieza de fruta, que puede ser una manzana o pera, que nos proveen energía natural, además, los frutos rojos, como el arándano y otros como el aguacate, los puedes preparar en batidos, siempre naturales, para que te sean mucho más fáciles de ingerir.

4.º Antes de empezar tu rutina de ejercicios no olvides hacer unas veinte respiraciones profundas y conscientes que oxigenan tu cuerpo y tu cerebro, además de una serie de estiramientos para soltar tu musculatura y no hacerte daño.

5.º Ya listos y preparados, debemos saber que la primera semana será de adaptación, por lo que no debes imponerte una rutina que te deje hecho polvo, porque muy seguramente ese sería tu último día de deporte. Si tu decisión es caminar, busca un sendero plano, cómodo y bastante placentero para ti, camina de media a una hora a un ritmo tranquilo. Poco a poco, a medida que vayan pasando los días y si tu cuerpo te lo pide, le puedes dar más ritmo. Si tu deseo es empezar con una rutina de correr te aconsejo que hagas de diez a quince minutos corriendo y luego caminata, y cada semana puedes ir sumándole cinco minutos más hasta llegar a tu meta marcada.

Sobre todo, escucha a tu cuerpo y jamás le pidas más de lo que él pueda darte, te aseguro que él mismo te mostrará cuándo quiere más y así puedes ir incorporando semana a semana una rutina de ejercicios para las zonas que quieras trabajar: sentadillas, abdominales, etc.

6.º Coloca mensajes motivadores a tu alrededor que te sirvan de anclaje y de motivación.

7.º Y, por último, no dudes en recompensar tu esfuerzo, cada pequeño triunfo es una gran victoria y merece ser festejado.

IMPORTANTE: Busca elementos motivadores para que no caigas en la rutina y te lleven a abandonar, rutas que te agraden, música que te llene de energía y vitalidad, frases motivadoras, alimentos adecuados que sean fuente energética. Puedes buscar la asesoría de un nutricionista y, sobre todo, planifica tu día a día, no dejes nada al azar y respeta siempre tu planificación, no permitas que nada se interponga entre tú y tu objetivo; la CONSTANCIA será lo que te llevará a lograr tu triunfo.

Como dijo Bruce Lee:

"YO NO LE TEMO A UNA PERSONA QUE LANCE MIL PATADAS EN UN DÍA, YO LE TEMO A UNA PERSONA QUE LANCE UNA PATADA DURANTE MIL DÍAS". Eso es Constancia.

Está comprobado que realizar estas rutinas como mínimo veintiún días lleva a establecer los hábitos, pero no des las cosas por sentadas porque al menor descuido será muy fácil volver a las viejas prácticas y abandonar el gran trabajo realizado. Te darás cuenta de que, cuanto más estén incorporados en ti los buenos hábitos, tus pensamientos, que te impulsaron a realizar el cambio, se reforzarán y darán pie a mejores y más pensamientos de éxito. Pero de nuevo te digo que tengas cuidado con tus pensamientos, desecha de inmediato esos que te rompan la rutina de cambio, pues te echarán por tierra lo trabajado.

Algunos hábitos, que son muy importantes en nuestra vida y que te ayudarán en muchos campos, son, por ejemplo, el simple hecho de hacer tu cama cada mañana. Parece un gesto simple y sin sentido, pero es bastante significativo en este proceso de reeducarte en tu vida, es un entrenamiento cerebral útil, ya que quien se acostumbra a realizar pequeñas cosas terminará haciendo las más grandes. Además, quien inicia su día en orden puede llegar a cambiar el ritmo de su vida, el orden da claridad. Piensa que como haces una cosa las haces todas, así que empieza con un gran éxito, como es dejar tu habitación recogida, una cama bien hecha y terminar tu día y regresar a casa sabiendo que te espera un lugar agradable y placentero donde descansar, así cierras el círculo de tus éxitos diarios.

Como podemos ver, la verdadera disciplina, esa que organiza tu vida y que te ayuda a llevar a cabo lo que te propongas para tu beneficio personal, es indispensable, sin ella seremos como veletas arrojadas de un lugar a otro, iniciando y dejando a medias, justificando cada derrota y dejando atrás los sueños sin cumplir.

Con todo esto que has podido analizar espero que te des cuenta de que tu vida requiere tu compromiso consciente al 100 %, que nada se te dará en la vida por casualidad, que los sueños se convierten en realidad gracias a la acción constante, a ese trabajo diario.

Por esto, después de nuestro Resumen, Reflexión y Ejercicios hablaremos de esta gran herramienta llamada disciplina y que nos ayudará a cerrar esta gran guía y dará paso a otros tesoros que encontraremos en nuestro segundo libro.

RESUMEN, REFLEXIÓN Y EJERCICIOS

- El proceso de aprendizaje es constante y continuo, no acaba, por fortuna nuestra, mientras tengamos vida, cada día nos da una nueva oportunidad de rectificar y aprender algo nuevo.

- La única persona que tiene responsabilidad sobre tu vida eres tú, al 100 %, no eres víctima de nada ni de nadie. Aunque suene duro, tú atraes todo lo que tienes, está en ti alejarte o retenerles.

- Dependiendo del valor que tú mismo le des a tu vida, así mismo otros te lo darán a ti.

- Para crecer busca a los mejores y que tengan resultados, que prediquen y que se apliquen en su vida.

- Saber el estado en el que te encuentras en las tres áreas más importantes de la vida es esencial para poder trabajar tus falencias y lograr una vida satisfactoria y con sentido (Salud, Dinero y Amor).

- El orden que te sugiero para que trabajes tus áreas vitales es:

  Salud: Porque sin ella no es posible realizar a plenitud ninguna otra de las dos etapas restantes.

  Dinero: Cuando aún estás en soledad podrás realizar proyectos, invertir. En pocas palabras, hazte y luego comparte tus bendiciones.

  Amor: Ya eres una persona físicamente sana, económicamente en tranquilidad, tienes muchas cosas que ofrecer y, asimismo, que esperar de la otra persona. Ahora es el tiempo de encontrar la persona idónea con quien compartir todas las bendiciones de vuestras vidas.

- Debemos comprometernos al 100 % con nuestra vida, romper la creencia de que nosotros debemos ser los últimos en la tabla de prioridades. ¿Tienes una meta? Sé claro con ella y dalo todo por conseguirla sabiendo y teniendo en cuenta que debes tener muchísimo respeto al compromiso contigo mismo.

- Una de las herramientas que más te pueden ayudar en el mejoramiento de tu vida en general son los HÁBITOS. Un hábito es una conducta repetida regularmente que requiere de un pequeño o ningún raciocinio y que es aprendida.

- Debemos sustituir nuestros malos hábitos por hábitos saludables. Uno de los mejores ejemplos es el hábito adquirido de lavarse los dientes, una vez incorporado en nuestra rutina se convierte en necesario e imprescindible.

- Adquirir un nuevo hábito se realiza con pequeñas acciones que requieren de una acción constante de tu parte, diaria y sin excusas.

- El mayor enemigo que tienes en este camino de la adquisición de hábitos es tu mente, cortoplacista y perezosa, que te pedirá siempre el mínimo esfuerzo, ya que ella considera cualquier cambio una pérdida de energía, por lo que te tratará de persuadirte para que no salgas de tu zona de confort.

- En este proceso de adquirir nuevos hábitos aprende a escuchar a tu cuerpo, no le fuerces a que de golpe llegue a la meta deseada. Ve paso a paso, como cuando un bebé empieza a caminar, para que no se bloquee el proceso.

- Recompénsate por cada logro obtenido.

- Sé muy constante como mínimo por veintiún días. No des nada por sentado al mínimo descuido, será muy fácil que recaigas en tus malos hábitos y pierdas el buen trabajo logrado.

- El hacer la cama cada día parece algo sin mayor importancia, pero es realmente un triunfo diario. Este acto inicia tu día con orden y lo culmina en un lugar ordenado que te provee descanso. Recuerda, como haces una cosa las haces todas.

EJERCICIOS

1.º Trázate un gráfico o busca en Internet la Rueda de la Vida y sinceramente evalúate para saber cómo estás en cada una de las áreas de tu vida, así sabrás por dónde has de empezar tu trabajo conscientemente y sin excusas.

2.º Planifícate para la acción que debas emprender. Te he dejado un ejemplo práctico en el capítulo si es en el área de la salud, de igual manera hazlo con la economía y el amor. En la economía, por ejemplo, puedes realizar un seguimiento que te muestre cuáles son todos aquellos pequeños gastos que si empiezas a sumar se convierten en cantidades importantes. Es como un grifo que dejas gotear diariamente, verás que al final del mes la cuenta que pagarás de tu servicio de agua será importante. Haz un ahorro programado para cada proyecto que tengas, elimina deudas y no adquieras ninguna otra que no sea para algo que te reporte fijas, como esto hazte un buen *planning* económico. Y en el amor prepárate como si ya lo tuvieras, hazle un lugar en tu cama a tu pareja esperada, ordénate en tu vida como quien ya le llegará y piensa en cada cosa que te encantaría disfrutar con esa persona idónea, planifícate para el amor. Lo que debas hacer empréndelo de manera inmediata, no aplaces, recuerda que el que aplaza jamás lo hace, y no te permitas excusas, la mente te entregará muchas. Asume un compromiso contigo mismo sabiendo que todo lo que hagas es para tu propio beneficio.

3.º Recuerda palabras gatillo que te liberen de las barreras que tu mente tratará de colocar en tu camino para impedir tu progreso. Por ejemplo, cuando tu mente te diga que hace frío o demasiado calor, respóndete de inmediato: **"Gracias, pero yo salgo de inmediato" o "Gracias, pero no. Gracias".** Y toma acción de inmediato hacia tu meta, busca la frase más adecuada para ti y **ÚSALA**. Recuerda siempre: hazlo, hazlo, hazlo.

4.º Realiza lo planificado como mínimo veintiún días, acompaña este proceso con música adecuada que eleve tus vibraciones, rutas agradables, alimentación adecuada, frases motivadoras y, sobre todo, mucha constancia.

RECUERDA: LA CONSTANCIA VENCE LO QUE LA DICHA NO ALCANZA.

RECUERDA:

"EL PODER NO ESTÁ EN LOS HÁBITOS, SINO EN CUÁNTO TIEMPO SE MANTIENEN ESTOS".

Masanobu Fukuoka

"TODO VICIO ES UN HÁBITO, PERO NO TODO HÁBITO ES UN VICIO. EL BUEN HÁBITO ES RUTINA Y DISCIPLINA".

Jorge González Moore

"PARA APRENDER Y DESAPRENDER HÁBITOS MENTALES Y FÍSICOS, HAY QUE ENTRENAR EL CEREBRO CON PACIENCIA Y CONSTANCIA".

Elsa Punset

9.

LLEGA EL FINAL

"Se te ha entregado en tus manos la llave de tu felicidad, ahora es tu decisión lo que hagas con ella y lo que realmente desees para ti".

Adriana Silva Quintero

Llegados a este punto solo me queda decirte que gracias por haber compartido parte de tu tiempo y energías conmigo, solo deseo que todo aquello que hayas aprendido en estas páginas te lleve a mejorar un uno por ciento cada día y que puedas llegar a entregar una mejor versión de ti a este mundo.

Recuerda que todo lo que quieras llegar a ver fuera de ti lo debes iniciar dentro tuyo, entrega ese uno por ciento y sé el ejemplo de aquella persona que te quieres encontrar hoy, tu reflejo se proyectará en cada persona que te encuentres en tu día a día. El Universo se encargará de enseñarte siempre que aquello que más detestas de quienes están a tu alrededor es tu espejo y si quieres que ellos cambien primero lo debes hacer tú. Si eres observador te darás cuenta de que ese comportamiento es tuyo y lo debes trabajar.

En este libro guía te he entregado llaves que abrirán las puertas que tenías cerradas en tu inconsciente y que guardan tus más grandes tesoros para ser lo que admiras y deseas para tu vida y que te llevarán a una vida con sentido llena de grandes satisfacciones para ti y para quienes están a tu alrededor.

Ámate siempre primero a ti, amigo mío, y llega a ser tan feliz como tu Dios lo desea para ti, y te darás cuenta de que estarás entregando a los de tu alrededor todo lo que ellos necesitan para alcanzar también esa felicidad que tú deseas por Amor a los que te rodean.

Si cada uno de los que estamos en este planeta nos preocupamos por ser mejores personas y mejores seres humanos para que nuestro mundo mejore, la historia de nuestra vida cambiará drásticamente.

Así que yo me comprometo contigo desde estas líneas y por escrito a ser mi mejor versión, a entregar un ser humano a este mundo con ganas y esfuerzo para que todo mejore a mi alrededor. Todo lo que esté en mí lo daré para que nuestras vidas, mientras estamos en este hermoso jardín, sean lo que todos deseamos. ¿Te comprometes tú a seguirme en este viaje, a esforzarte también por hacerlo? Si tu respuesta es positiva, por tu vida actual, por la de todos los que están a tu alrededor ahora y los que vendrán, te lo agradezco de corazón.

Bueno, amigo mío, te agradezco una vez más haberme permitido acompañarte en este tramo del camino y te espero en mi siguiente entrega de esta trilogía, la cual será **MI MAESTRA DE VIDA ES AUTISTA.** En este libro encontrarás todas aquellas enseñanzas que me ha entregado mi hija y verás cómo algo tan doloroso como puede ser la "minusvalía", como lo llama el mundo, de un ser que tanto amas puede llegar a ser la mayor bendición que te puedas encontrar y que cualquier situación difícil en la que te encuentres, tú o los que más amas, es realmente una enseñanza llena de valor. Acompáñame en este nuevo camino y te darás cuenta por ti mismo de cómo obtendrás nuevas llaves para tu crecimiento y edificación.

Te dejo con un abrazo enorme y con todo mi Amor, el mismo que me ha impulsado a escribir este libro para ti.

RECUERDA SIEMPRE QUE ESTE LIBRO ESTÁ ESCRITO PARA TI DESDE MI CORAZÓN.

TE AMO.

CARTA A UN AMIGO

En estas últimas páginas te voy a escribir sobre un gran ser humano del que no te había escrito aún, pero que merece que lo nombre. Él es **Lain García Calvo,** autor de la saga *best seller* titulada ***LA VOZ DE TU ALMA.***

A este joven hombre de corta edad pero viejo en conocimientos de este mundo le conozco en esa búsqueda desesperada por mejorar en mi vida, y sé y tengo la certeza de que en medio de todas mis súplicas hechas a Dios por encontrar esa persona que lograra ayudarme a cambiar y ser mi mejor versión llegó él.

Quien lo encontró verdaderamente fue mi esposo. Ya empezábamos a querer crecer, nos sentimos estancados y queríamos cambios visibles en nosotros, y ya que mi amadísimo compañero de vida es una persona inquieta y siempre está en esa búsqueda de lo mejor para nuestras vidas, le encontró en YouTube y me lo presentó con estas palabras: "Escucha, hermosa (que es como amorosamente me llama), he visto a este chico y me llama poderosamente la atención". La verdad es que lo que este hombre me decía era totalmente novedoso para mí y así empezamos a leer su saga, la que nos llegó a encantar tanto que desde leer sus primeras páginas nos llevó a hacer cambios en nosotros.

Posteriormente nos hablaba de un evento llamado **IN-TENSIVO VUÉLVETE IMPARABLE,** y la verdad es que no lo pensamos y cuatro meses después estábamos allí para conocerle y saber aún más de lo que enseñaba. Realmente fue una excelente experiencia y allí recibí las herramientas necesarias que me motivaron a querer entregar lo mejor de mí para ti por escrito, allí me inscribí en su mentoría para saber llegar a otros y transmitir todo lo que necesitaba expresar.

De la mano de este joven y sus libros mi vida ha llegado a ser otra, ya que no es solo lo que él te dice o cómo lo diga, sino que es su testimonio vivo también lo que te ayuda, dejando también claro que, para mí, **LA BIBLIA** es y será el libro más importante de mi vida y el que me deja las mejores enseñanzas.

Hoy te quiero agradecer, Lain, que entraras a mi vida y espero que no salgas ya de ella. Gracias, Gracias, Gracias, a ti y, sobre todo, se las doy a Dios por conocerte y saber que, cuando le pongo a Él en primer lugar, siempre pondrá en mi camino lo mejor para mi beneficio y ayuda.

Te dejo su foto para que le conozcas personalmente.

SÍGUEME EN MIS REDES SOCIALES

 www.adrianasilvaquintero.com

 Adriana Silva Quintero

 quinteroadrianasilva

 Adriana Silva Quintero